Kohlhammer

Die Herausgeberinnen

Prof. Dr. med. Undine Lang ist Klinikdirektorin der Klinik für Erwachsenenpsychiatrie und Privatklinik der Universitären Psychiatrischen Kliniken in Basel und Ordinaria für Psychiatrie an der Universität Basel.

Prof. Dr. med. Annette Brühl ist ordentliche Professorin an der Universität Basel und leitet den Schwerpunkt affektive Störungen in der Klinik für Erwachsene der Universitären Kliniken in Basel.

Undine Lang
Annette Brühl
(Hrsg.)

Frauen in psychischen Krisen helfen

Besonderheiten und Empfehlungen für
Therapie und Begleitung

Verlag W. Kohlhammer

Dieses Werk einschließlich aller seiner Teile ist urheberrechtlich geschützt. Jede Verwendung außerhalb der engen Grenzen des Urheberrechts ist ohne Zustimmung des Verlags unzulässig und strafbar. Das gilt insbesondere für Vervielfältigungen, Übersetzungen, Mikroverfilmungen und für die Einspeicherung und Verarbeitung in elektronischen Systemen.

Pharmakologische Daten, d. h. u. a. Angaben von Medikamenten, ihren Dosierungen und Applikationen, verändern sich fortlaufend durch klinische Erfahrung, pharmakologische Forschung und Änderung von Produktionsverfahren. Verlag und Autoren haben große Sorgfalt darauf gelegt, dass alle in diesem Buch gemachten Angaben dem derzeitigen Wissensstand entsprechen. Da jedoch die Medizin als Wissenschaft ständig im Fluss ist, da menschliche Irrtümer und Druckfehler nie völlig auszuschließen sind, können Verlag und Autoren hierfür jedoch keine Gewähr und Haftung übernehmen. Jeder Benutzer ist daher dringend angehalten, die gemachten Angaben, insbesondere in Hinsicht auf Arzneimittelnamen, enthaltene Wirkstoffe, spezifische Anwendungsbereiche und Dosierungen anhand des Medikamentenbeipackzettels und der entsprechenden Fachinformationen zu überprüfen und in eigener Verantwortung im Bereich der Patientenversorgung zu handeln. Aufgrund der Auswahl häufig angewendeter Arzneimittel besteht kein Anspruch auf Vollständigkeit.

Die Wiedergabe von Warenbezeichnungen, Handelsnamen und sonstigen Kennzeichen in diesem Buch berechtigt nicht zu der Annahme, dass diese von jedermann frei benutzt werden dürfen. Vielmehr kann es sich auch dann um eingetragene Warenzeichen oder sonstige geschützte Kennzeichen handeln, wenn sie nicht eigens als solche gekennzeichnet sind.

Es konnten nicht alle Rechtsinhaber von Abbildungen ermittelt werden. Sollte dem Verlag gegenüber der Nachweis der Rechtsinhaberschaft geführt werden, wird das branchenübliche Honorar nachträglich gezahlt.

Dieses Werk enthält Hinweise/Links zu externen Websites Dritter, auf deren Inhalt der Verlag keinen Einfluss hat und die der Haftung der jeweiligen Seitenanbieter oder -betreiber unterliegen. Zum Zeitpunkt der Verlinkung wurden die externen Websites auf mögliche Rechtsverstöße überprüft und dabei keine Rechtsverletzung festgestellt. Ohne konkrete Hinweise auf eine solche Rechtsverletzung ist eine permanente inhaltliche Kontrolle der verlinkten Seiten nicht zumutbar. Sollten jedoch Rechtsverletzungen bekannt werden, werden die betroffenen externen Links soweit möglich unverzüglich entfernt.

1. Auflage 2024

Alle Rechte vorbehalten
© W. Kohlhammer GmbH, Stuttgart
Gesamtherstellung: W. Kohlhammer GmbH, Stuttgart

Print:
ISBN 978-3-17-043525-4

E-Book-Formate:
pdf: ISBN 978-3-17-043526-1
epub: ISBN 978-3-17-043527-8

Autorinnenverzeichnis

Fabienne Forster
Dr. phil., ist Fachpsychologin in der Gynäkopsychiatrie am Ambulatorium Wil der Psychiatrie St. Gallen und freischaffende Fachreferentin zur postpartalen Depression und zur Förderung der psychischen Gesundheit von Eltern.

Randi Susanne Göldner
Dr., ist Leitende Oberärztin am Department für seelische Gesundheit mit dem Zentrum für seelische Frauengesundheit am Vivantes Klinikum Spandau.

Anne Guhn
Dr. rer. nat., ist leitende Psychologin des Zentrum für Affektive, Stress- und Schlafstörungen an den Universitären Psychiatrischen Kliniken in Basel und wissenschaftliche Mitarbeiterin an der Klinik für Psychiatrie und Psychotherapie der Charité – Universitätsmedizin Berlin.

Anna Hertweck
Dr. med., ist Fachärztin für Psychiatrie und Psychotherapie. Sie ist in privater Praxis tätig und war mehrere Jahre in leitender Funktion auf den Abteilungen zur Behandlung von Persönlichkeitsstörungen in den Universitären Psychiatrischen Kliniken (UPK) Basel tätig.

Christa Koentges
Dr. phil., ist Psychologische Psychotherapeutin und Stationspsychologin an der Klinik für Psychiatrie und Psychotherapie des Universitätsklinikums Freiburg.

Stephanie Krüger
Prof. Dr., ist Leiterin der Departments für seelische Gesundheit mit den Zentren für seelische Frauengesundheit am Vivantes Humboldt Klinikum und am Vivantes Klinikum Spandau.

Undine Lang
Prof. Dr. med., ist Klinikdirektorin der Klinik für Erwachsenenpsychiatrie und Privatklinik der Universitären Psychiatrischen Kliniken in Basel und Ordinaria für Psychiatrie an der Universität Basel.

Swantje Matthies
PD. Dr. med., ist Oberärztin an der Klinik für Psychiatrie und Psychotherapie des Universitätsklinikums Freiburg.

Gabriella Milos
Prof. Dr. med., ist Senior Consultant an der Klinik für Konsiliarpsychiatrie und Psychosomatik des Universitätsspital Zürich.

Mathilde Morisod
Dr. med., ist Leiterin der Liaisonpsychiatrie an der Klinik für Kinder- und Jugendpsychiatrie und Psychotherapie im Departement Psychiatrie am CHUV in Lausanne und Dozentin an der Universität Lausanne.

Alexandra Philipsen
Prof. Dr. med., ist W3-Professorin und Klinikdirektorin an der Klinik für Psychiatrie und Psychotherapie am Universitätsklinikum Bonn.

Kerstin von Plessen
Prof. Dr. med., ist Klinikdirektorin der Klinik für Kinder- und Jugendpsychiatrie und Psychotherapie und Leiterin des Departement Psychiatrie am CHUV in Lausanne und Ordinaria für Kinder-und Jugendpsychiatrie an der Universität Lausanne.

Bärbel Wardetzki
Dr. phil, Pädagogin M.A., Diplom-Psychologin, ist in privater Praxis für Psychotherapie, Supervision und Coaching als Gestalt-, Verhaltens- und Familientherapeutin und Autorin in München niedergelassen.

Anja Weiss-Breckwoldt
KD Dr. med., ist Fachärztin für Psychiatrie und Psychotherapie am Ambulatorium Römerhof Zürich.

Rita Werden
Dr. med. Dr. phil., ist Assistenzärztin an der Klinik für Psychiatrie und Psychotherapie des Universitätsklinikums Freiburg.

Inhalt

Autorinnenverzeichnis 5

I Allgemeine Aspekte zu Krisensituationen bei Frauen

1 Psychische Krisen bei Frauen im Kontext der Mutterschaft .. 11
   Fabienne Forster

2 Psychopharmakotherapie in der Schwangerschaft 34
   Stephanie Krüger und Randi Göldner

II Spezielle Herausforderungen bei einzelnen Diagnosen

3 Essen ist etwas Wunderbares – meistens 67
   Gabriella Milos und Anja Weiss-Breckwoldt

4 Zwischen Selbstzweifel und Grandiosität –
   Weiblicher Narzissmus und Implikationen für die Therapie .. 77
   Bärbel Wardetzki

5 Frauen mit ADHS in Krisensituationen 85
   Rita Werden, Christa Koentges, Alexandra Philipsen und Swantje Matthies

6 Depressive Krisen bei Frauen 95
   Undine Lang

7 Beziehungskrisen bei Frauen mit Borderline
   Persönlichkeitsstörungen 105
   Anna Hertweck

8	**Elternschaft bei Frauen mit Psychosen –** **in der Perinatalperiode und darüber hinaus:** **Herausforderungen in der Eltern-Kind-Bindung und** **Konsequenzen für das Kind**	114
	Mathilde Morisod und Kerstin Jessica Plessen	
9	**Traumata und Traumafolgestörungen**	124
	Anne Guhn	

I   Allgemeine Aspekte zu Krisensituationen bei Frauen

1 Psychische Krisen bei Frauen im Kontext der Mutterschaft

Fabienne Forster

1.1 Geburtenrate: Mutter sein zwischen Realität und Ideal

Obwohl die Geburtenrate in den westlichen Industrieländern seit 1960 stetig sinkt, wird die Mehrheit der Menschen Eltern. Insgesamt geben ca. 90 % der Menschen in Europa an, sich einmal Kinder zu wünschen (BMFSFJ, 2020). Drei von vier Menschen in Europa geben an, Eltern zu sein (Csonka et al., 2017; Eurostat, 2022). Gleichzeitig erkrankt jede zweite Person mindestens einmal im Leben an einer psychischen Erkrankung (GBD, 2019). Pro Jahr ist etwa ein Drittel der Bevölkerung von einer psychischen Störung betroffen (Peter, Tuch & Schuler, 2023). Davon sind auch Eltern betroffen. Studien gehen davon aus, dass etwa jedes dritte minderjährige Kind mit mindestens einem Elternteil zusammenlebt, das psychisch erkrankt ist (Christesen et al., 2022). Davon sind wiederum die meisten Frauen. Das bedeutet, dass die Anzahl Personen, die unter psychischen Krisen im Kontext der Mutterschaft leiden, sehr hoch ist und ein entsprechend hoher Unterstützungsbedarf besteht. Gleichzeitig bedeutet das auch ein großes Fenster der Möglichkeiten. Im Kontext der (gewünschten) Mutterschaft stehen die Chance für positive Veränderungen, die sich auch auf Kind und Partnerschaft auswirken, besonders gut.

Die meisten Menschen möchten einmal im Leben Eltern werden (Csonka et al., 2017). Die Gründe dafür können vielfältig sein, ein tiefer innerer Wunsch oder eine Sehnsucht nach einer eigenen Familie, Glück und Freude oder die Weitergabe eigener Gene und Werte. Für viele Menschen gehört Elternwerden zur Erfüllung eines großen Lebenstraumes, der seit der eigenen Kindheit besteht. Das gilt besonders häufig für Frauen, da ihrer Geschlechtsrolle häufig zugeschrieben wird, dass sie durch die Mutterrolle Erfüllung finden; oder sogar dafür geschaffen sind (Mierau, 2019).

Die Realität widerspricht diesem Ideal allerdings. Keine Mutter ist jederzeit glücklich und komplett erfüllt. Ein Zustand konstanten, kompletten Glücks ist für Menschen nicht realistisch, und entsprechend auch nicht für Mütter. Sorgen, Leiden und Ängste gehören zur menschlichen Existenz dazu. Aufgrund der idealisierten Vorstellung der Mutterschaft leiden viele Mütter unter den (häufig unerwarteten, tabuisierten) Herausforderungen der Mutterschaft (Mierau, 2019). Scham, Schuld und Selbstzweifel sind häufige Folgen. Das erleben im besonderen Maße Frauen, die psychische Störungen im Kontext der Elternschaft entwickeln – und das ist keine

Minderheit. Der Übergang zur Elternschaft ist eine Hoch-Risikophase für die Entwicklung psychischer Störungen. Tatsächlich sind psychische Störungen die häufigste Geburtskomplikation (Berger, 2019).

Auch unabhängig von gesellschaftlichen Erwartungen und Rollenbildern beschreiben viele Menschen den Kinderwunsch als tief in ihnen verankert. Entsprechend verspüren Frauen, die keine Kinder bekommen möchten, häufig gesellschaftlichen Druck (Höglund & Hildingsson, 2023). Manche vermuten sogar, mit ihnen stimme etwas nicht. Dem widerspricht die Forschung. Es finden sich kaum Unterschiede hinsichtlich Gesundheit und Wohlergehen zwischen Menschen mit und ohne Kinderwunsch, wenn dieser auf einer freien Entscheidung basiert (Deaton & Stone, 2014). Menschen, die ungewollt kinderlos sind, entwickeln hingegen häufiger psychische Symptome wie Ängste oder Depressionen (Hudepohl & Smith, 2022).

Erfüllt sich der Wunsch nach einem Kind, folgen aufregende Momente und rasch aufeinander folgende Veränderungen beim Übergang zur Elternschaft und der Phase des Aufwachsens des Kindes. Meistens erfolgen diese auf mehreren Ebenen: individuell, hormonell, körperlich, psychisch, sozial und gesellschaftlich. Entsprechend gibt es auf der Reise von Kinderwunsch und Empfängnis über Schwangerschaft, Geburt bis zum Wochenbett und dem ersten Jahr postpartum immer wieder Potential für psychische Krisen.

1.2 Psychische Störungen im Kontext der Mutterschaft

Psychische Störungen sind die häufigste Geburtskomplikation (Berger, 2019). Schätzungen gehen davon aus, dass 20 % der Frauen in der Peripartalzeit von psychischen Erkrankungen betroffen sind (Schofield et al., 2022). Es sind also mehr Frauen von psychischen als von physischen Komplikationen betroffen. Trotzdem wird in der Geburtshilfe selten über die psychische Gesundheit gesprochen. Psychische Störungen werden nicht gleich behandelt wie physische Erkrankungen. Nicht selten wird der Person eine Mitverantwortung zugeschrieben (du musst einfach positiv denken, du musst dich besser organisieren, du übertreibst, es geht doch allen so, das kommt schon wieder), und im Unterschied zu Menschen mit körperlichen Erkrankungen erhalten psychisch erkrankte weniger Mitgefühl, Unterstützungsangebote durch das Umfeld oder professioneller Hilfe (Lacey et al., 2015; Marshman et al., 2023; Yates & Gatsou, 2021). Stigmata führen dazu, dass psychische Erkrankungen häufig lange unentdeckt und unbehandelt bleiben und halten Frauen davon ab, sich frühzeitig professionelle Hilfe zu suchen (Corrigan & Nieweglowski, 2019; Sweetman et al. 2021). In der Schweiz wird jede sechste Frau nach der Geburt wegen psychischer Probleme behandelt, die Dunkelziffer für Frauen mit psychischen Störungen, die unbehandelt bleiben, ist deutlich höher (Berger, 2019).

In der Allgemeinbevölkerung hat aktuell jede vierte Person eine behandlungsbedürftige psychische Störung, nur ein Viertel davon befindet sich in Behandlung (Watzke et al., 2015; Wittchen et al., 2011).

Die Anzahl unbehandelter psychischer Störungen dürfte bei Eltern nicht kleiner sein. Die Elternschaft zeichnet sich durch eine Vielzahl von Faktoren aus, welche die Entwicklung psychischer Störungen begünstigen. Dazu gehören hormonelle Veränderungen, körperliche Beschwerden, eine Zunahme an Stress durch neue Herausforderungen, eine Zunahme der Alltagsaufgaben, Rollenkonflikte, gesellschaftliche Erwartungen und Identitätsfindungsprozesse. Gleichzeitig reduzieren sich verfügbare Bewältigungsressourcen, welche dem durch die Veränderungen erzeugten Stress entgegenwirken könnten. So schlafen Eltern im ersten Jahr nach der Geburt meistens deutlich weniger, haben weniger Freizeit, Urlaub, weniger positive Paarinteraktionen sowie weniger beruflichen oder körperlichen Ausgleich (Forster, 2021). Und elterlicher Stress hängt wiederum mit schlechterem Erziehungsverhalten, mehr negativer Kommunikation und mehr depressiven Symptomen zusammen (Senn et al, 2023).

In allen Lebenssituationen, in denen Risikofaktoren zu- und Schutzfaktoren abnehmen, steigt das Risiko für psychische Erkrankungen. Das gilt auch für den Eintritt ins Berufsleben und die Pensionierung. Allerdings kommen beim Übergang zur Elternschaft besonders viele Herausforderungen zusammen, die mit gleichzeitig hohen (unrealistischen) gesellschaftlichen Erwartungen und unzureichender institutioneller Unterstützung verbunden sind. Entsprechend ist es nachvollziehbar, dass psychische Erkrankungen in der Peripartalzeit besonders häufig auftreten (Berger, 2019). Die häufigsten psychischen Erkrankungen in der Peripartalzeit sind Angststörungen und affektive Störungen, wie depressive Episoden oder bipolare Störungen. Darüber hinaus können sich vorbestehende Erkrankungen wie zum Beispiel eine Aufmerksamkeitsdefizit-/Hyperaktivitätsstörung (ADHS) oder eine Persönlichkeitsstörung akzentuieren.

Es ist bekannt, dass psychische Erkrankungen bei Eltern weitreichende negative Effekte für die Betroffenen und ihr Umfeld haben. Im Durchschnitt erleben Kinder von betroffenen Eltern weniger Feinfühligkeit, eine weniger stabile Bindung zu den Eltern, mehr Konflikte und häufigere Trennungen (Iwanski et al., 2023; Dyba et al., 2017). Bei Eltern mit depressiven Erkrankungen erleben Kinder in den ersten Monaten weniger positive Interaktionen mit der Mutter. Sie erhalten weniger Feedback oder positive Verstärkung durch die Mutter und entwickeln in der Folge häufig Regulationsstörungen und Verhaltensauffälligkeiten (Tainaka et al., 2022). Langzeitstudien zeigen 25 Jahre nach der Geburt Unterschiede zwischen Kindern, deren Mütter psychisch erkrankt versus gesund waren (McLaughlin et al., 2012). Erstere haben im Durchschnitt schlechtere Karrierechancen und eine schlechtere eigene psychische und physische Gesundheit (Pierce et al., 2020). Solche Unterschiede lassen sich teilweise durch eine genetische Vorbelastung erklären, aber auch durch Unterschiede, die bereits während der Schwangerschaft auftreten. So wirken sich psychische Erkrankungen während der Schwangerschaft auf das Stressregulationssystem des Ungeborenen aus (Khoury et al., 2023; Sethna et al., 2021). Auch besteht bei psychischen Störungen während der Schwangerschaft ein erhöhtes Risiko für körperliche Komplikationen wie Präklampsie, Frühgeburten und traumatisch erlebte Geburten (Mulder et al. 2002; Runkle et al. 2023). Psychische Erkrankungen in der Peripartalzeit haben auch negative Effekte für die Betroffenen, i.e. ein höheres Risiko für körperliche Erkrankungen, soziale Konflikte, Ausgrenzung, finanzielle Probleme und Paarprobleme. Für Partner:innen von Betroffenen besteht ebenfalls ein erhöhtes Risiko für die Entwicklung psychischer Probleme, was umgekehrt wieder die Gesundheit des Kindes und der ganzen Familie negativ beeinflusst.

Die gute Nachricht ist, dass wir diesen Effekten entgegenwirken können, indem Diagnosen früh gestellt und Erkrankungen rasch therapiert werden können. In den folgenden Kapiteln werden Möglichkeiten beschrieben, wie Fachpersonen betroffene Eltern erkennen und unterstützen können. Darüber hinaus gibt es die Möglichkeit, die Entwicklung psychischer Störungen zu verhindern, indem Risikophasen und Risikofaktoren erkannt und präventiv Schutzfaktoren aufgebaut werden. Im folgenden Kapitel wird daher auf spezifische Risikophasen eingegangen.

1.3 Risikophasen für psychische Krisen im Kontext der Mutterschaft

Grundsätzlich kann jede Person jederzeit an einer psychischen Störung erkranken. Personengruppen mit einem erhöhten Risiko sind Personen mit Migrationshintergrund, psychiatrischen Vorerkrankungen in der eigenen oder familiären Vorgeschichte, psychiatrische und/oder körperliche Erkrankungen bei Partner:innen sowie Paarkonflikte und soziale Isolation (Arango et al., 2018). Darüber hinaus bergen einzelne Phasen der Mutterschaft Belastungsfaktoren für die Entwicklung psychischer Störungen. Insgesamt ist es empfehlenswert, in der Arbeit mit Eltern nach dem Vorliegen wichtiger Risikofaktoren zu fragen und sie in besonderen Risikophasen enger zu begleiten.

1.3.1 Unerfüllter Kinderwunsch

Die meisten Menschen überlegen sich eher, ob und wann sie Kinder bekommen wollen, als ob das klappen wird. Dass eine einmal gefällte Entscheidung für ein Kind unerfüllt bleiben könnte, erwarten viele Frauen nicht. Dabei ereilt dieses Schicksal viele Personen. Jedes zehnte Paar bleibt trotz Kinderwunsch kinderlos (Vander Borght et al., 2018). Die Anzahl ungewollt kinderloser Paare hat in den letzten Jahren zugenommen, mitunter aufgrund des immer höher werdenden Alters von Ersteltern (Huang et al., 2023). Die Gründe für einen unerfüllten Kinderwunsch liegen häufig in körperlichen Einschränkungen, aber bei etwa 15 % der Paare lässt sich kein Ursache finden, was zu Unsicherheit und Ohnmacht führen kann (Carson & Kallen, 2021). Die Reproduktionsmedizin macht Fortschritte, trotzdem ist die Erfüllung eines Kinderwunsches nicht garantiert (Szamatowicz, 2016).

Entsprechend sind Paare erschüttert, wenn sich der Kinderwunsch nicht erfüllt. In einer Zeit, in der uns durch Fortschritt und Technik so vieles möglich ist, erleben viele Menschen mit einem unerfüllten Kinderwunsch zum ersten Mal ein großes Gefühl von Kontrollverlust und Misserfolg, wenn sich ein Wunsch auch mit großem persönlichen Engagement nicht erfüllen lässt. Die Paare schwanken zwischen Hoffnung und Resignation, die sich zyklusbedingt abwechseln. Im Verlauf nehmen psychische Symptome zu (Wischmann & Stammer, 2017). Hormonelle Behandlungen belasten die psychische Gesundheit zusätzlich (Hudepohl & Smith, 2022). Häufig richten Frauen mit unerfülltem Kinderwunsch ihre Energie in die Erfüllung dieses Wunsches und reduzieren ihr Engagement für andere Lebensbereiche (Wischmann & Stammer, 2017). Die Planung der Sexualität zum Zweck einer Schwangerschaft führt meistens zur Verminderung der erlebten Sexualität (Wischmann, 2010). Durch die Zunahme an Stress und Druck nehmen Paarkonflikte zu (Yamanaka-Altenstein et al., 2022). Bei jedem dritten Paar, das ungewollt kinderlos bleibt, kommt es zu einer Trennung (Ferreira et al., 2016).

Nach Yamanaka-Altenstein (2022) endet diese anhaltende psychische Krise erst mit einer Schwangerschaft bzw. Lebendgeburt oder der Menopause. In der Begleitung von Frauen mit unerfülltem Kinderwunsch geht es entsprechend häufig nicht um die »Heilung« einer psychischen Erkrankung, sondern den Umgang mit einer langfristig anhaltend psychischen, physischen und sozialen Belastung. Der Einbezug von Partner:innen ist zentral. Paare profitieren von Psychoedukation zum Thema Infertilität. Besonders wichtig ist das Ausräumen von Mythen. Viele Paare erhoffen sich, dass durch die Lösung eines innerpsychischen Konfliktes die Infertilität behoben werden kann. Die Forschung zeigt heute aber klar, dass dem nicht so ist. Infertilität kann alle Personen treffen, unabhängig von psychischer Gesundheit oder Stärke des Kinderwunsches. Diese Information kann Paare entlasten und Schuldgefühle klären, aber gleichzeitig auch Gefühle von Ohnmacht, Wut und Trauer auslösen, die es zu bearbeiten und tragen gilt. Viele Paare profitieren vom Erarbeiten konstruktiver Gesprächs- und Unterstützungstechniken, mit denen sie Stresssituationen gemeinsam lösen können (Yamanaka-Altenstein, 2022). Es gibt bedarfs- und bewältigungsorientierte Programme wie z. B. *fertifit* oder niederschwellige Paartrainings wie z. B. *paarlife* oder *EPL* sowie lokale Paarberatungsstellen. Darüber hinaus ist es wichtig für die Betroffenen, andere Lebensbereiche wieder zu fokussieren, die ihnen Erfüllung, Kontrolle und Freude ermöglichen. Die Entwicklung eines Lebensentwurfs ohne Kinder kann herausfordernd, aber fruchtbar sein. Je nach psychischer und physischer Belastung können punktuelle Pausen von reproduktionsmedizinischen Maßnahmen sowie die Klärung alternativer Wege zur Erfüllung des Kinderwunsches für Entlastung sorgen. Wischmann und Stammer (2017) empfehlen allen Paaren mit unerfülltem Kinderwunsch bereits frühzeitig die Inanspruchnahme professioneller Beratung. Bestehen oder entwickeln sich psychische Erkrankungen, empfiehlt sich eine Psychotherapie sowie eine präkonzeptionelle Beratung.

1.3.2 Schwangerschaft

Wenn eine Frau geplant oder gewünscht schwanger wird, dann ist das häufig eine große Freude. Bei unerwünschten Schwangerschaften erleben Schwangere jedoch häufig schwierige Gefühle und Gedanken. Depressive Symptome zeigten sich häufiger bei Müttern, deren Schwangerschaft ungeplant war im Vergleich mit geplanten Schwangerschaften (Muskens et al., 2022). Elterlicher Stress ist besonders hoch bei ungeplanten Schwangerschaften, vielen Paarkonflikten und wenig Engagement des/der Partner:in (Bahk et al., 2015). In solchen Fällen kann eine sensitive, informierte Beratung zentral sein. Die Art, wie Fachpersonen über das Thema sprechen, spielt eine Rolle. Frauen berichten z. B. eher über ihre Gefühle, wenn das Wort »ungeplante« statt »unerwünschte« Schwangerschaft benutzt wird (Moreau et al., 2014).

Auch bei gewünschten Schwangerschaften mischen sich Sorgen und Ängste in die Vorfreude. Was wird sich in meinem Leben verändern? Werde ich den Herausforderungen gewachsen sein? Wie werde ich als Mutter, werden wir als Eltern funktionieren? Wir sprechen vor allem im ersten Trimenon von der sogenannten Ambivalenzphase (Rhode & Dorn, 2007). Menschen, die sich schon lange ein Kind gewünscht haben, erschrecken über diese Fragen und zweifeln plötzlich an ihrer Entscheidung. Diese Unsicherheiten können durch hormonelle Veränderungen in der Schwangerschaft verstärkt werden, da diverse stimmungs- und stressrelevante Hormone um ein Vielfaches (bis zu 200-fach) erhöht sind – im Vergleich zu einer etwa sechsfachen Erhöhung im üblichen Menstruationszyklus (Hofecker Fallahpour, 2005). Schwangere Personen profitieren in dieser ersten Phase von einer Wissensvermittlung hinsichtlich dieser Veränderungen.

Das zweite Trimester gilt als das »Wohlfühltrimester« (Rhode & Dorn, 2007). In dieser Zeit haben sich viele Schwangere mit der bevorstehenden Elternschaft auseinandergesetzt und wichtige Fragen geklärt. Gleichzeitig sind die körperlichen Belastungen der Frühschwangerschaft wie z. B. Erbrechen meistens verflogen und die körperlichen Belastungen der Spätschwangerschaft kommen noch nicht so stark zum Tragen. Diese Phase bietet sich an, um Vorbereitungen hinsichtlich Geburt und Wochenbett zu treffen und Notfallpläne auszuarbeiten. Gab es in der Vergangenheit psychische Krisen? Wie ist die Person damals damit umgegangen? Was waren damals erste Warnsignale für eine psychische Belastung? Was sind individuelle Bewältigungsstrategien, wen kann die Person im Umfeld für Unterstützung heranziehen und ab wann lohnt es sich, professionelle Unterstützung heranzuziehen? Warnsignale, Strategien und Unterstützung sollten schriftlich festgehalten und zu den Geburtsvorbereitungsmaterialen gelegt werden. Solche Notfallpläne können für alle Schwangeren und deren Partner:innen hilfreich sein. Bei Personen mit psychiatrischer Vorgeschichte empfiehlt sich die Erarbeitung eines solchen Notfallplanes unbedingt. Es kann sich auch lohnen, Kontakt zu einer/einem Psychotherapeut:in aufzunehmen, damit bei Verschlechterungen schnell reagiert werden kann.

Meistens zeigen sich depressive Symptome bereits während der Schwangerschaft. Entgegen der geläufigen Bezeichnung »postpartale Depression« ist die Prävalenz depressiver Symptome vor der Geburt vergleichbar mit der nach der Geburt (Bennett et al., 2004; Okagbue et al., 2019). Es ist darum zentral, bereits während der

Schwangerschaft auf psychische Symptome zu achten. Hier bieten sich standardisierte Screenings mit validierten Fragebögen an. Dadurch können Eltern selbst feststellen, wie es um ihre psychische Gesundheit steht und bei Verschlechterungen reagieren. Stabile Werte im Fragebogen können helfen, um hilfreiche Strategien zu identifizieren und zu fördern. Sollte es Hinweise dafür geben, dass eine schwangere Person psychisch belastet ist, sollte nicht gewartet, sondern rasch eine passende professionelle Unterstützung organisiert werden. Bei psychischen Belastungen während der Schwangerschaft besteht ein hohes Risiko für eine Exazerbation nach der Geburt (Micali et al., 2011). Umgekehrt stehen die Chancen für eine rasche Symptomreduktion und Prävention potentieller Verschlechterungen nach der Geburt während der Schwangerschaft besonders gut (Green & Low, 2022). Im zweiten Trimester ist die Gelegenheit für den Beginn einer psychopharmakologischen Therapie außerdem besonders gut. Effekte auf die kindliche Entwicklung sind jetzt (je nach Medikament) nur noch geringfügig und im Vergleich dazu für die psychische Gesundheit der Mutter besonders günstig (Briggs et al., 2022).

Im dritten Trimester rücken Geburt und »Nestbau« immer mehr ins Zentrum. Körperliche Beschwerden nehmen zu und die schwangere Person ist weniger mobil. Wichtig kann zu diesem Zeitpunkt noch die Planung des Wochenbetts sein. Was sind die Bedürfnisse von Mutter und Partner:in in dieser Zeit? Wie viel Besuch wird wann gewünscht? Wer kann in der Zeit unterstützen, z. B. auch im Haushalt? Wie können Bedürfnisse dem Umfeld kommuniziert werden? Wann wird der/die Partner:in zu Arbeit zurückkehren und was stellen sich dann für Herausforderungen? Erfahrungsgemäß bleibt in dieser Zeit nicht mehr viel Raum für Psychotherapie im engeren Sinn. Bei bestehenden psychischen Problemen sollte spätestens jetzt das Behandlungsnetz bestehen und voneinander wissen. Es bietet sich an, eine entsprechende Schweigepflichtsentbindung einzuholen, so dass das Behandlungsnetz sich im Notfall austauschen kann. Von psychiatrischer Seite her wird empfohlen, das Behandlungsnetz (Gynäkolog:in, Hebammen, Geburtsklinik, Hausärzt:in etc.) über Diagnose, Warnsignale und Strategien sowie allfällige Pharmakotherapie zu informieren. Besonders wichtig sind Informationen über Konsequenzen psychischer Probleme auf die Geburt.

1.3.3 Fehl- und Totgeburten

Die Anzahl der Menschen, die mit Fehlgeburten konfrontiert sind, ist hoch. Jede sechste Schwangerschaft endet in einer Fehlgeburt (Quenby et al., 2021). Nur wenige Betroffene sprechen über Fehlgeburten, was das Gefühl verstärkt, damit alleine zu sein oder etwas falsch gemacht zu haben. Fehlgeburten erhöhen das Risiko für psychische Symptome wie Ängste, Depression und Stress (Quenby et al., 2021). Die meisten Betroffenen erleben Trauer, Selbstvorwürfe und Sorgen, die jedoch im Laufe der ersten Monaten nach der Fehlgeburt abnehmen (Nikevic et al., 2007). Bei etwa 10 % der Betroffenen zeigen sich ein Jahr nach einer Fehlgeburt noch klinisch relevante depressive Symptome (Hung Lok et al., 2010). Darüber hinaus erleben Schwangere mit einer Fehlgeburt in der Vorgeschichte häufiger psychische Symptome in einer Folgeschwangerschaft (Devlin et al., 2016).

Risikofaktoren für die Entwicklung psychischer Erkrankungen nach Fehlgeburten sind eine psychiatrische Vorgeschichte, wenig soziale Unterstützung, keine lebenden Kinder, mangelndes Wissen über Fehlgeburten und deren Erklärung (Athey & Spielvogel, 2000). Beratende können also durch Informationsvermittlung und Aufbau von Unterstützung die psychische Belastung von Menschen nach Fehlgeburten reduzieren. Entsprechend zeigte eine Studie, dass spezifische psychologische Beratungsangebote zu einer schnelleren und stärkeren Reduktion von Sorgen, Selbstvorwürfen und Trauer bei Betroffenen im Zeitraum von vier Monaten führten (Nikevic et al., 2007). Eine australische Studie zeigte, dass mehr als die Hälfte der betroffenen Frauen keine Informationen über Fehlgeburten und Unterstützungsangebote erhielt, obwohl sie sich dies gewünscht hätten (Bilardi et al., 2021). Dabei zeigten schon kurze, psychoedukative Interventionen wie achtsamkeitsbasierte Verfahren eine Reduktion der psychischen Belastungen bei Frauen nach Fehlgeburten (Ni Wang et al., 2021). Zur Förderung der psychischen Gesundheit nach Fehlgeburten macht also eine niederschwellige psychologische Beratung Sinn – besonders bei psychisch vorbelasteten, kinderlosen und sozial isolierten Personen. Es empfiehlt sich außerdem eine Verlaufskontrolle nach einem Jahr, um bei Bedarf Betroffene mit entsprechender professioneller Hilfe zu versorgen.

Wenn ein Kind mit einem Gewicht von mindestens 500 mg tot geboren wird oder bei der Geburt verstirbt, sprechen wir von einer Totgeburt. Im Unterschied zu Fehlgeburten, die häufig in den ersten drei Monaten der Schwangerschaft auftreten, ereignen sich Totgeburten häufig in der späten Schwangerschaft. Entsprechend ist die Nachricht für die Eltern ein Schock. Aufgrund der fortgeschrittenen Schwangerschaft muss eine Geburt erfolgen, mit allen Risiken und Herausforderungen. Bei einer Totgeburt ist das Risiko, innerhalb von vier Monaten nach der Geburt psychisch zu erkranken, 2,5-mal höher als bei einer Lebendgeburt (Lewkowitz et al., 2018). Die zeitnahe Behandlung ist zentral, denn die meisten Frauen werden nach einer Totgeburt innerhalb von etwa einem Jahr wieder schwanger (Roseingrave et al., 2022). Folgeschwangerschaften sind gekennzeichnet von mehr gynäkologischen Terminen, häufigeren Frühgeburten, Kaiserschnitten und mehr neonatalen Eintritten des Neugeborenen im Vergleich zu Schwangerschaften ohne Totgeburten in der Vorgeschichte.

Die Gründe für Totgeburten sind auch für Fachpersonen schwer fass- und bestimmbar. Betroffenen fehlen daher häufig Antworten und sie verbleiben mit starken Schuld- und Schamgefühlen (Cacciatore, 2013). Viele Mütter fühlen sich außerdem vom Umfeld entwertet, ausgegrenzt und erlebten Schwierigkeiten in der Kommunikation des Erlebten gegenüber dem Umfeld (Pollock et al., 2021). Betroffene erleben häufig Druck, sich angepasst zu verhalten. So unterdrücken sie Trauer oder Wut und rationalisieren das Geschehene. Je stärker sich Betroffene verurteilen oder als verurteilt erleben, desto höher ist die Wahrscheinlichkeit, dass sie psychische Symptome entwickeln (Pollock et al., 2021). Leider erleben gerade Menschen mit einer psychiatrischen Vorgeschichte oft eine starke Verurteilung durch das Umfeld, was wiederum Selbstwert, soziale Unterstützung und die Trauerverarbeitung negativ beeinflusst.

Die Kommunikation durch das Gesundheitspersonal spielt hier eine wichtige Rolle (Actis Danna et al., 2023). Wir sollten Betroffenen vermitteln, dass Reaktionen auf Verluste individuell und dass verschiedene Gefühle normal sind. Deren Ausdruck sollten wir offen annehmen, ohne die Gefühle direkt verändern zu wollen. Das Aushalten widersprüchlicher Emotionen ist zentral in der Begleitung von Menschen nach Verlusterlebnissen und gilt als heilsamer Faktor für Betroffene (Nurse-Clarke, 2020). Emotionale Unterstützung steht im Trauerprozess im Vordergrund (Ladhani et al., 2018). Eine auf 15 Studien basierende Metaanalyse ergab, dass psychosoziale Interventionen Depression, Angst und Trauer nach Totgeburten reduzieren können (Shaohua & Shorey, 2021), besonders, wenn diese rasch, einfühlig und von in der Thematik geschulten Fachpersonen vermittelt werden (Fockler et al., 2017).

1.3.4 Geburt

Die Geburt kann bereits als solche als kritisches Lebensereignis verstanden werden. Gebärende begeben sich in eine meist unbekannte Situation mit ungewissem Ausgang. Sie geben ein beachtliches Ausmaß an Kontrolle an das Behandlungsteam ab und erleben sich auch häufig ihrem Körper in einem Ausmaß ausgeliefert, das mit wenigen anderen Erfahrungen vergleichbar ist. Unvorhersehbare und unkontrollierbare Situationen bergen immer ein erhöhtes Risiko für die Entwicklung psychischer Symptome (Sinko et al., 2022). Entsprechend erleben viele Eltern nach der Geburt signifikanten posttraumatischen Stress (ca. 12 % der Frauen und 1,2 % der Männer) (Heyne et al., 2022). Andere Studien berichten, dass jede dritte Frau die Geburt als traumatisch beschreibt (Charmer et al., 2021). Das gilt in besonderem Maße für Personen, deren Vorgeschichte von Kontrollverlust und Ohnmacht gekennzeichnet war. Dazu gehören sexuelle Übergriffe und Vergewaltigungen sowie das Erleben von Gewalt in der Vergangenheit. Personen mit solchen Traumata in der Vorgeschichte bringen ein erhöhtes Risiko für eine Retraumatisierung durch die Geburt mit (Staudt et al., 2023). Im deutschsprachigen Raum hat mehr als jede dritte Frau mindestens einmal in ihrem Leben Gewalt erfahren (WHO, 2021; FRA, 2014); in großer Mehrheit durch männliche Täter im nahen Umfeld. Fast jede vierte Frau hat bereits ungewollte sexuelle Handlungen erlebt (Jans et al., 2019). Bei Frauen mit Flucht- oder Kriegserfahrung hat die überwältigende Mehrheit (ca. 80–90 %) sexuelle Gewalt erlebt – abhängig von Fluchtroute und Herkunftsland (Cordel et al., 2022). Entsprechend hoch ist der Anteil der Frauen, bei denen ein hohes Risiko für eine Retraumatisierung durch die Geburt besteht.

Traumatisch erlebte Geburten gehen mit einem höheren Risiko für psychische Symptome nach der Geburt sowie einer potentiell schlechteren Entwicklung des Kindes einher (Sanjuan et al., 2021; Van Sieleghem et al., 2022). Es wäre also wichtig, dass im Behandlungsteam der Geburtshilfe eine Sensibilität gegenüber diesen Themen und ein Bewusstsein über das hohe Traumatisierungsrisiko vorhanden ist. Traumatische Erlebnisse sollten im Rahmen der Geburtsvorbereitung erhoben und das Behandlungsteam informiert werden. Idealerweise hat die Betroffene eine vertrauensvolle Beziehung zu einer Fachperson, mit der sie Trigger explorieren und entsprechende Vorkehrungen treffen kann. Zur Reduktion des Traumatisierungsrisikos können Situationen identifiziert werden, die das Behandlungsteam nach

Möglichkeit vermeiden sollte, wie z. B. die Gebärende festzuhalten, niederzudrücken, ohne Einverständnis auszuziehen oder vor männlichem Personal zu entblößen. Da Personen mit Traumavorgeschichte ohnehin mit größerer Wahrscheinlichkeit Geburtskomplikationen erleben (Sachdeva et al., 2022), könnte dadurch auch das Geburtsgeschehen für die Gebärende und das Behandlungsteam vereinfacht werden.

Zu den psychologischen Stressoren kommen physische Stressoren wie Schmerzen, Blutverlust, Verabreichung diverser Medikamente und möglicherweise medizinische Eingriffe von der Einleitung über Saugglocken oder Zangen bis zu geplanten oder notfallmäßigen Kaiserschnitten hinzu. Entsprechend entwickelt infolge von Geburten etwa ein Viertel der Personen depressive und Angstsymptome – wie übrigens bei anderen medizinischen Eingriffen (Yang et al., 2022). Gemeinhin wird das Gefahrenpotential von Geburten in der Gesamtbevölkerung unterschätzt. »Das haben schließlich schon viele andere vor mir geschafft.« Was oft vergessen wird, ist die Tatsache, dass ohne medizinische Maßnahmen die Geburt eine der Haupttodesursachen für Frauen wäre. Ohne zuverlässige, bezahlbare, qualitativ hochwertige Gesundheitsversorgung würde etwa eine von 37 Frauen im Lebenslauf an einer Geburt versterben. In Ländern mit schlechter (gynäkologischer) Gesundheitsversorgung sterben 40-mal mehr Frauen bei der Geburt als in Ländern mit guter Gesundheitsversorgung (WHO, 2019). Entsprechend sollten Erfahrungen der Gebärenden während und nach der Geburt ernst genommen werden.

Eine zentrale Rolle für das Geburtserleben spielt das Behandlungsteam. Studien haben gezeigt, dass durch eine mitfühlende und egalitäre Kommunikation durch das medizinische Personal psychische Symptome nach Geburten reduziert werden können, auch bei schweren und potentiell traumatisierenden Geburten (Sachdeva et al., 2022). Gebärende sollten möglichst über geplante Behandlungsschritte informiert und in Entscheidungen einbezogen werden, da Kontrollerleben und Orientierung puffernd und stärkend wirken (Watson et al., 2021). Es empfiehlt sich außerdem, wenn Gebärende und Behandlungsteam ein paar Wochen nach der Geburt eine Nachbesprechung durchführen – besonders bei schwierigen Geburten. Durch solche Nachbesprechungen können Betroffene das Erlebte einordnen, Fragen klären und idealerweise Verständnis und emotionale Unterstützung durch das Behandlungsteam erhalten, wodurch wiederum das Risiko für Traumafolgestörungen reduziert und die psychische Gesundheit verbessert wird (Slade et al., 2021). Bei der Verarbeitung der Geburt können auch interdisziplinäre Methoden hilfreich sein. So berichten zum Beispiel viele Frauen, dass sie ein Bindungsbad bzw. Babyheilbad (Rebonding) als heilsam erlebt haben (Meissner, 2011). Halten psychische Symptome wie z. B. Intrusionen, Flashbacks, Albträume, Vermeidung angstauslösender Reize oder eine hohe Erregbarkeit, Trauer oder Niedergeschlagenheit über mehr als einen Monat an, sollte professionelle Hilfe aufgesucht werden. Mithilfe von traumafokussierten Methoden können entsprechende Symptome in der Regel rasch und nachhaltig aufgelöst werden (Slade et al., 2021), was wiederum die Chancen für psychische und physische Komplikationen bei Folgeschwangerschaften reduziert.

1.3.5 Wochenbett und erstes Jahr postpartum

Das Wochenbett ist eine besondere Phase für Eltern und Baby. In den ersten Tagen des Wochenbetts ist die psychische Gesundheit stark beeinflusst von einem drastischen Hormonabfall, der mit Geburt und Milcheinschuss eingeleitet wird. Während der Schwangerschaft waren diverse Hormone um ein Vielfaches erhöht und brechen dann mit der Geburt auf quasi null zusammen (Abo et al., 2022; Hofecker et al., 2005). Durch diese drastische hormonelle Veränderung wird auch der sogenannte Babyblues erklärt. Beim Babyblues handelt es sich nicht um eine Diagnose, sondern ein sogenanntes Syndrom (bzw. Phänomen), von dem die meisten Gebärenden (ca. 40–80 %) in den ersten Tagen nach der Geburt betroffen sind (Green & Low, 2022). Die Symptome gleichen dabei denen einer depressiven Episode (z. B. häufiges tlw. grundloses Weinen, Niedergeschlagenheit, Selbstzweifel, Antriebslosigkeit, Erschöpfung oder innere Leere und Freudlosigkeit), sind aber weniger stark ausgeprägt (weniger als fünf Symptome) und dauern weniger lang (weniger als zwei Wochen). Wenn die Symptome länger als zwei Wochen andauern, dann handelt es sich nicht mehr um einen Babyblues, sondern um eine (beginnende) postpartale Depression. Als Risikofaktoren für die Entwicklung einer postpartalen Depression außerdem die Schwere und Anzahl der depressiven Symptome während des Babyblues (Beck, 1998). Die Eltern können jeweils selbstständig einen Screening-Fragebogen ausfüllen (z. B. *EPDS*, auch als App verfügbar) und den Verlauf beobachten. Halten sich die Werte über zwei Wochen hinweg über dem kritischen Wert (beim *EPDS* über einer Summe von 10 Punkten), sollte zeitnah professionelle Hilfe in Anspruch genommen werden. Das Ausfüllen solcher Screening-Fragebögen empfiehlt sich für alle Eltern (schwangere Person und Partner:in) bereits während der Schwangerschaft, wöchentlich in den ersten vier Monaten nach Geburt (Hoch-Risikophase für die Entwicklung psychischer Störungen bei schwangeren Personen) und dann monatlich bis ein Jahr postpartum (Hoch-Risikophase für die Entwicklung psychischer Störungen bei Partner:innen).

In den ersten Wochen des Wochenbettes nimmt die Versorgung des Neugeborenen die Mutter in häufig unerwartetem Ausmaß in Anspruch. Die Bedürfnisse des Neugeborenen stehen an vorderster Stelle und wollen rasch und ohne Rücksicht auf die Bedürfnisse der Eltern befriedigt werden. Einerseits ist das normal und für die Entwicklung des Kindes unumgänglich. Gleichzeitig ist es bereits jetzt wichtig, dass die (zumindest basalen) Bedürfnisse der Mutter nicht komplett vernachlässigt werden. Wann kann sie duschen, zur Toilette gehen, ihre Wunden versorgen, essen, trinken, schlafen? An dieser Stelle ist ganz praktische Unterstützung durch das Umfeld zentral. Kann jemand kurzzeitig übernehmen, eine Mahlzeit vorbeibringen, einmal durchsaugen oder die Wäsche waschen? Parallel dazu gilt es, einen Umgang mit Wünschen und Erwartungen des Umfeldes zu finden. Wie viel Besuchende passen für uns? Wie gestalten wir Besuche, so dass Eltern und Baby sie genießen können (oder zumindest nicht zusätzlich gestresst werden). Die junge Familie muss eine Balance zwischen Autonomie und Verbundenheit zur Herkunftsfamilie finden – eine Aufgabe, die sie im Verlauf der Elternschaft stetig begleiten wird. Welche Tipps sind hilfreich? Wo entscheiden wir uns bewusst anders? Zwischen vielen Informationen und Meinungen gilt es für die Familie, ihren eigenen Weg zu finden und zu verteidigen. Als Unterstützende und Beratende lohnt es sich, mit Ratschlägen zurückhaltend zu sein und fragend zusammen mit der Familie den für sie richtigen Weg zu entwickeln. Dadurch können auch Selbstwert und Kontrollerleben der Eltern gestärkt werden, was der psychischen Gesundheit wieder zuträglich ist.

Oft stellt sich in dieser Zeit eine besondere Nähe zwischen Mutter und Kind ein, wie sie später kaum je wieder da sein wird. Die beiden sind stark aufeinander bezogen und erleben sich wie in einer »Oxytocin-Blase« verschmolzen (Thul et al., 2020). Das kann für die Partner:innen mitunter schwierig sein. Nicht selten erleben sie Gefühle des Ausgeschlossenseins und der Überforderung. Wenn die Kompetenzerwartung bei den Partner:innen gering ist (z. B. durch Gender-Stereotype oder verhältnismäßig weniger Übungsgelegenheiten) und die Mutter die gesamte Verantwortung und Kontrolle übernimmt (bzw. übernehmen muss), kann sich ein langfristig ungünstiges Muster entwickeln. Bei heterosexuellen Paaren nennt sich dieser Prozess auch Traditionalisierungsschub (Dew & Wilcox, 2011). Entgegen den Wünschen und Erwartungen vieler Paare, übernimmt die Frau zunehmend mehr Aufgaben im Bereich Haushalt und Kinderbetreuung und der Mann investiert mehr Energie in die Erwerbsarbeit. Dieser Prozess kann je nach institutionellen Rahmenbedingungen (verfügbare Elternzeit, Lohnungleichheit, Familienfreundlichkeit der Arbeitsplätze etc.) noch verstärkt werden. Da beide in den jeweiligen Bereichen mehr Übungsgelegenheiten haben, stellt sich eine gender-stereotype Spezialisierung der Rollenverteilung ein, die nur schwer wieder umgedreht werden kann. Diese Rollenverteilung geht häufig mit einer zunehmenden Unzufriedenheit bei den Eltern (vor allem bei Frauen in heterosexuellen Beziehungen) einher sowie mit mehr depressiven Symptomen bei beiden Eltern (Meier et al., 2020) und mit mehr Paarkonflikten und einer niedrigeren Partnerschaftszufriedenheit (Iafrate et al., 2012). Da die Partnerschaftsqualität im Übergang zur Elternschaft sowieso deutlich abnimmt (Doss et al., 2009) und gleichzeitig einer der wichtigsten Prädiktoren für eine gesunde Entwicklung von Eltern und Kind ist (Stadelmann et al., 2022; Zemp & Bodenmann, 2015), lohnt es sich, bereits im Verlauf des Wochenbettes bewusst Zeit für die Partnerschaft einzuräumen. Die Paarzeit kann für den Austausch von Erwartungen, Wünschen und Bedürfnissen sowie zur konstruktiven Konflikt- und Problemlösung genutzt werden. Es ist wichtig, bewusst Raum für positive Interaktionen zu schaffen (gemeinsame Spaziergänge, Mahlzeiten, Hobbies, Gespräche, Berührungen u.v.m.), denn positive Interaktionen können negative Erfahrungen im Paar puffern. Es gilt: mindestens zwei positive Erfahrungen pro negativer Erfahrung – für gesunde Paare und Familien (Zemp et al., 2019).

Gegen Ende des ersten halben Jahres nach der Geburt stellt sich bei den meisten Paaren eine gewisse Routine ein. Das Risiko für die Entwicklung psychischer Symptome sinkt bei den Müttern (bzw. ehemals schwangeren Personen). Die größten Herausforderungen sind gestemmt, der Menstruationszyklus hat sich wieder eingependelt (je nach Zeitpunkt des Abstillens, was eine erneute Risikophase für psychische Symptome darstellt), dank zunehmender Sicherheit im Umgang mit dem Baby werden die Interaktionen immer häufiger als genussvoll erlebt und der Fokus kann sich auch immer wieder auf eigene Bedürfnisse, Sozialkontakte, Hobbies und berufliche Aufgaben richten. An dieser Stelle dürfen Eltern auch ruhig dazu motiviert werden, diesen Aspekten mehr Raum zu geben und sich von der aufopfernden Rolle zu lösen. Aber Achtung: Die Sicherheit trügt, denn sie gilt häufig nicht im gleichen Maß für die Partner:innen. In heterosexuellen Partnerschaften zeigt sich, dass sich psychische Symptome bei Männern vor allem im zweiten Halbjahr nach der Geburt einstellen, wenn sich bei den Frauen eine psychische Stabilisierung einstellt (sofern allfällige Psychopathologien behandelt wurden) (Cameron et al. 2016). Häufig haben sich die Partner:innen in den ersten Monaten zurückgenommen, die schwangere Person unterstützt und sich um Lebensunterhalt und allerlei praktische Belange gekümmert. Das kann dazu führen, dass die Erschöpfung bei den Partner:innen zunimmt und sie schleichend ihrerseits psychische Symptome entwickeln.

Allerdings werden die Partner:innen selten nach ihrem Befinden gefragt. Einige Männer berichten auch, dass ihnen die Unterstützerrolle zugeschrieben worden sei und sie sich in ihrer psychischen Gesundheit von Fachpersonen übersehen gefühlt hätten (van Vulpen et al., 2021). Dabei erkranken gleich viele Männer wie Frauen an peripartalen Angststörungen, fünfmal so viele an Abhängigkeitserkrankungen und etwa jeder zehnte Mann an einer postpartalen Depression (Cameron et al., 2016). Neben der Erfahrung, ihr Befinden sei nicht so wichtig, erschwert auch der genderstereotype Umgang mit Belastungen das Erkennen von psychischen Symptomen bei Männern. Im Vergleich zu Frauen reagieren Männer auf psychischen Stress eher mit Ablenkung, Vermeidung und Aktivierung (Livingston et al., 2021). Zum Beispiel erhöhen sie ihr berufliches Engagement, ziehen sich zurück, konsumieren mehr Alkohol und andere Drogen oder reagieren gereizt und impulsiv (Bahorik et al., 2019; Sørensen et al., 2020). Hinzu kommt, dass sich Männer im Durchschnitt seltener und zögerlicher Hilfe suchen (Oliffe & Phillips, 2008; Seidler et al., 2016). Ein Beispiel dafür ist der Befund, dass männliche Suizidopfer vor ihrem Versterben signifikant seltener in irgendeiner psychiatrischen oder medizinischen Behandlung waren (Paraschakis et al., 2016). Neben diesen sehr drastischen möglichen Konsequenzen von Depressionen bei Vätern zeigt die Forschung auch, dass depressive Symptome bei Vätern negative Effekte auf deren Wohlergehen sowie das Wohlergehen von Partner:innen und Kindern hat (Cui et al., 2020; Low et al., 2022). Umgekehrt ist eine psychische Störung bei der Partner:in ein Hauptrisikofaktor für die Entwicklung einer psychischen Störung bei der zweiten (bzw. weiteren) Person in der Partnerschaft (Wang et al., 2021). Es sollte also bereits während Schwangerschaft, Geburt und Wochenbett der psychischen Gesundheit aller Elternteile Aufmerksamkeit geschenkt werden. Ganz besonders gegen Ende des ersten Jahres nach der Geburt sollten Fachpersonen Partner:innen einladen und zu ihrem psychischen Befinden sowie Unterstützungsbedarf befragen. Das stärkt wiederum die ganze Familie.

1.4 Unterstützung für Frauen mit psychischen Krisen in der Mutterschaft

In den vorherigen Kapiteln wurden bereits Möglichkeiten zur Unterstützung für Eltern mit psychischen Krisen bezogen auf phasenspezifische Herausforderungen beschrieben. Im folgenden abschließenden Kapitel werden allgemeine Ansatzpunkte zur Förderung der psychischen Gesundheit von Eltern vorgestellt und durch eine spezifische Herangehensweise ergänzt, die im Kontext der Elternschaft besonders bedeutsam ist. Die vorgestellten Unterstützungsmöglichkeiten unterscheiden sich im Grundsatz nicht von der Bewältigung psychischer Krisen in anderen Kontexten. Bei den meisten psychischen Krisen sind sowohl individuelle als auch soziale und strukturell-politische Ebenen tangiert und es bedarf zur Förderung der psychischen Gesundheit generell einer individualisierten, systemisch inklusiven und interdisziplinär vernetzten Herangehensweise. Aus Sicht der Autorin spielen diese Faktoren im Kontext der Elternschaft eine so herausragende Rolle wie in wenig anderen Kontexten. Schließlich ist der Übergang zur Elternschaft eine normative Entwicklungsaufgabe, welche für alle Eltern herausfordernd ist und – wie eingangs erwähnt – eine Phase, in der besonders effektiv präventiv Einfluss auf die psychische Gesundheit ganzer Familiensysteme genommen werden kann.

1.4.1 Psychotherapie und Pharmakotherapie im Kontext der Elternschaft

Psychische Erkrankungen treten häufig im Kontext der Elternschaft auf und haben potentiell negative Effekte auf Betroffene, Partner:innen und deren Kind(er). Psychischen Erkrankungen sind Menschen aber nicht zwangsläufig ausgeliefert. Die psychische Gesundheit ist hochgradig beeinflussbar und für die meisten psychischen Erkrankungen existieren effektive, evidenzbasierte Therapieverfahren, so auch für die im Kontext der Elternschaft häufigsten Störungsbilder wie Angst- und Zwangsstörungen, affektive Störungen oder Abhängigkeitserkrankungen. Dasselbe gilt für psychosomatische Erkrankungen, Störungen der Partnerschaft und sexuelle Funktionsstörungen. Wird eine psychische Erkrankung von einer Fachperson festgestellt, kann eine störungsfokussierte Therapie für den jeweiligen Fall angeboten werden.

Wortmann-Fleischer et al. (2016) haben einen Therapieleitfaden zur störungsübergreifenden Therapie postpartaler psychischer Störungen im Gruppensetting entwickelt und evaluiert. Die darin enthaltenen Therapiebausteine bieten sich auch für die Behandlung psychischer Störungen von Eltern im Einzelsetting an. Zusätzlich sollten die spezifischen Herausforderungen der einzelnen Phasen einbezogen werden sowie folgende Aspekte berücksichtigt werden: physiologische und hormonelle Veränderungen (abhängig von Zyklus, Schwangerschaft, Geburt, Stillen, Reproduktions- und Verhütungsmaßnahmen) und ihr Zusammenhang mit der psychischen Gesundheit, häufige Paarkonflikte im Zusammenhang mit der Elternschaft und zur Lösung nötige Paarkompetenzen, der Einfluss gesellschaftspolitischer und arbeitsrechtlicher Gegebenheit inklusive entsprechender Grenzen der Beeinflussbarkeit, kritische Betrachtung gesellschaftlicher (gender-stereotyper) Erwartungen an Eltern und der Einbezug des involvierten multidisziplinären Behandlungsnetzes.

Die Effektivität etablierter Psychotherapieverfahren ist auch im Kontext der Elternschaft nachgewiesen (Wortmann-Fleischer et al,. 2016). Bei Störungen, bei denen eine Kombinationstherapie mit Psychopharmaka empfohlen wird (wie z. B. bei bipolaren und psychotischen Störungen sowie bei schweren depressiven Episoden), können wir uns nicht auf Studien berufen, da pharmakologische Studien bei schwangeren und stillenden Personen aus ethischen Gründen nicht erlaubt sind. Es existiert aber ein großer Erfahrungsschatz über die Wirksamkeit spezifischer Psychopharmaka in diesem Kontext. Diverse Medikamente sind in Schwangerschaft und Stillzeit wirksam und können ohne oder mit nur geringem Risiko angewandt werden. Unter Einbezug allfälliger Teratogenität spezifischer Substanzen muss im Einzelfall abgewogen werden, in welchen Verhältnis potentielle Effekte einer Medikation auf das Kind zu den Effekten einer psychischen Erkrankung auf das Kind, Betroffene und Umfeld stehen (Briggs et al., 2022). Über aktuelle Erkenntnisse zur Psychopharmakotherapie bei Schwangeren und Stillenden gibt die Webseite *embryotox.de* Auskunft.

Es gibt aber auch einige Hürden, die eine Versorgung betroffener Eltern mit den indizierten Therapieverfahren erschweren. Psychische Erkrankungen werden bei Eltern häufig nicht erkannt. Diese Hürde ist durch die Anwendung standardisierter Screening-Fragebögen bei allen Elternteilen bereits während Schwangerschaft bis ein Jahr nach Geburt leichter zu überwinden und indem die Bedeutung der psychischen Gesundheit in diesem Kontext durch Primärversorgende und Beratende in Geburtshilfe und Erziehung kommuniziert wird (Arango et al., 2018; Wells, 2023). Wenn der Unterstützungsbedarf erkannt wurde, bleibt es häufig eine Herausforderung, Betroffene zur Inanspruchnahme von Hilfsangeboten zu motivieren. Hilfreich können Strategien der motivierenden Gesprächsführung sein (siehe Literaturempfehlungen). Fachpersonen können mit Betroffenen Vor- und Nachteile der Inanspruchnahme von Hilfsangeboten im Vergleich zum Verzicht auf dessen Inanspruchnahme thematisieren. Schließlich bleibt es aber die Verantwortung der Betroffenen, sich für oder gegen Hilfsangebote zu entscheiden. Häufig braucht es mehrere Personen, die entsprechende Ratschläge aussprechen. Schließlich sind Veränderungen für alle Menschen herausfordernd und bei vielen psychischen Erkrankungen sind Vermeidung, Antriebslosigkeit und Ablenkung Bestandteile der Symptomatik. Zusätzlich gibt es auch gute Peer- und Selbsthilfeangebote, welche Betroffene zusätzlich motivieren (Empfehlungen von Betroffenen unter www.postpartale-depression.ch).

Eine Hürde, die weniger leicht zu überwinden ist, sind Wartezeiten und Versorgungslücken im Kontext psychischer Erkrankungen. Die Verbesserung der Versorgung psychischer Erkrankungen muss jedoch auch auf politischer Ebene gelöst werden. Dazu gehören Betreuungsangebote für Kinder während Eltern Therapieangebote wahrnehmen sowie ausreichend Therapieplätze im ambulanten Setting sowie stationäre Eltern-Kind-Plätze.

1.4.2 Netzwerkarbeit

Für eine fachgerechte und zeitnahe Behandlung psychisch kranker Frauen (und Männer) im Peripartum ist eine gute Vernetzung aller beteiligten Professionen zentral (Junge-Hoffemeister, et al., 2016). Eine wertschätzende, an einem gemeinsamen Ziel orientierte Zusammenarbeit zwischen Psychotherapeut:innen, Gynäkolog:innen, Pädiater:innen, Primäversorgenden, Pflegefachpersonen, Hebammen, Elternberatende sowie weiteren involvierten Helfenden ist in diesem Kontext zentral. Einerseits, weil sich involvierte Fachpersonen idealerweise koordinieren sollten und andererseits, weil dadurch auch der vielschichtigen Natur der Elternschaft besser gerecht werden kann. Umgekehrt zeigen Studien, dass Schnittstellenprobleme und Verantwortungsdiffusion zwischen den Professionen häufig zu Lücken in der Betreuung hilfsbedürftiger Eltern führen (Hornstein et al., 2009). Die Haltung, dass sich zum Beispiel nur Psychotherapeut:innen um Belange der psychischen Gesundheit kümmern sollten, reduziert die Inanspruchnahme und damit die Versorgung Betroffener nachweislich (Bina, 2020). Da aufgrund der Effekte auf Kinder und Umfeld Eile geboten ist, braucht es den raschen und konstruktiven Einsatz aller involvierten Professionen (Junge-Hoffmeister et al., 2016).

Aufgrund regionaler Besonderheiten der verfügbaren Angebote bedarf es einer lokalen Netzwerkarbeit. Je nach Einzugsregion wird empfohlen, dass sich involvierte Fachpersonen in regelmäßigen Abständen zum informellen Austausch treffen. An unserem Standort treffen sich zum Beispiel Psychotherapeut:innen, Hebammen, Elternberatende, Kinder- und Jugendlichentherapeut:innen, Kita-Leitende und Gynäkolog:innen etwa viermal pro Jahr zu einem Austausch. Dabei können Beziehungen geknüpft, Versorgungslücken identifiziert und fallbezogene Fragen geklärt werden. Schließlich dienen diese Vernetzungsanlässe auch einem effizienteren, wertschätzendem Umgang in der interdisziplinären Arbeit, was letztlich den Betroffenen zugutekommt.

1.4.3 Systemische Arbeit

Dass die psychische Gesundheit einzelner Familienmitglieder zusammenhängt, wurde bereits an verschiedenen Stellen verdeutlicht. Positive Effekte einer Therapie können sich auf das Familiensystem ausweiten. Zum Beispiel konnte gezeigt werden, dass eine paarbezogene Therapie peripartale depressive Symptome deutlich reduzieren kann (Ngai & Gao, 2022). Darüber hinaus gibt es Hinweise, dass paarbasierte Therapien z. B. bei Eltern mit Suchterkrankungen positive Effekte auf die psychische Gesundheit der Kinder haben können (Schumm & O'Farrell, 2022) und Gruppentherapien bei Eltern Angstsymptome bei deren Kindern reduzieren können (Farley et al., 2023). Zudem erhöht der Einbezug von Partner:innen in die Psychotherapie den Therapieerfolg (Ariss & Fairbairn, 2020; Misri et al., 2000), weil Belastungen bei den Partner:innen reduziert, störungsaufrechterhaltendes Verhalten verringert oder Ressourcen im Paar genutzt werden können.

Schließlich betreffen Störungen im Familiensystem nicht nur die Person mit der Diagnose, sondern das ganze System (Bertschi et al., 2021). Auch Personen ohne

Diagnosen brauchen Unterstützung. Gleichzeitig möchten Personen mit Diagnosen nicht nur Unterstützung erhalten, sondern auch Unterstützung geben. Eine Analyse hat gezeigt, dass auch Personen mit Depressionen sich Ausgeglichenheit in der Paarunterstützung wünschen (Meier et al., 2021). Umgekehrt führte eine Unausgeglichenheit der Unterstützung zu mehr depressiven Symptomen bei Betroffenen sowohl bei Müttern also auch Vätern (Meier et al., 2020). Das spricht für den Einbezug aller Elternteile zur Behandlung psychischer Störungen. Es bleibt zu hoffen, dass durch den Einbezug aller Beteiligter das Stigma psychischer Erkrankungen sinkt und sich betroffene Eltern früher und bereitwilliger trauen, professionelle Unterstützung in Anspruch zu nehmen.

1.5 Prävention

Viele Risikofaktoren für die Entwicklung psychischer Störungen im Kontext der Elternschaft sind bekannt. Dazu gehören vor allem eine psychiatrische Vorgeschichte und Paarkonflikte (Mughal et al., 2023). Beck (1998) hat basierend auf einer Metaanalyse folgende Risikofaktoren extrapoliert: depressive Symptome und Ängste sowie Mangel an sozialer Unterstützung während der Schwangerschaft und die Anzahl Kinder.

Das gibt uns die Möglichkeit, bei Risikogruppen präventiv zu handeln. Dadurch kann im besten Fall die Entwicklung psychischer Störungen verhindert oder zumindest abgepuffert werden. Dazu empfiehlt es sich, dass Fachpersonen bereits in der Geburtsvorbereitung über das Risiko psychischer Probleme sprechen und Risikofaktoren erheben. Ressourcen und Bewältigungsstrategien können abgeleitet und ein Notfallplan erarbeitet werden (Rüsch et al., 2014). Das hat sich als wirksam erwiesen (Wortmann-Fleischer et al., 2016). Der Einbezug der Partner:innen ist sinnvoll. In diesem Kontext können Hilfsangebote geschaffen und die Grundlage für interdisziplinäre Vernetzung geschaffen werden.

Präventiv wirksam sind auch Programme, die Bewältigungsstrategien vermitteln, auf die Eltern später zurückgreifen können (O'Connor et al., 2019). Besonders effektiv scheinen hier emotionale und problemfokussierte Bewältigungsstrategien, Entspannung und Achtsamkeit zu wirken (Alves et al., 2023). Catherine Monk und ihr Team trugen Forschung zu diversen Präventionsprogrammen zusammen und unterstrichen in ihrem Review, wie viele Chancen und Möglichkeiten in einer umfassenderen pränatalen Aufklärung von Eltern bestehen. Sie argumentieren, dass durch Gespräche, die auch psychosoziale Aspekte von Geburt und Elternschaft einbeziehen, nicht nur Bedürfnisse besser erkannt und Unterstützung entwickelt werden könnten, sondern auch die psychische Gesundheit von Eltern und damit die Entwicklungsbedingungen ihrer Kinder verbessert werden könnten (Monk et al., 2022). Darüber hinaus könnten Präventionsprogramme durch Arbeitgebende sowie staatliche Institutionen Menschen in der Transition zur Elternschaft unterstützen, so dass die Adaptation besser gelingt und schließlich auch den wirtschaftlichen Verlusten durch psychiatrische Erkrankungen entgegenwirkt (European Commission, 2013). Darüber hinaus fördern flexible, familienfreundliche Arbeitsbedingungen die psychische Gesundheit von Mitarbeitenden (Harknett et al., 2014). Auf politischer Ebene haben familienfreundliche Maßnahmen (z. B. Elternzeit) einen positiven Effekt auf die psychische Gesundheit von Familien (Stertz et al., 2017). Die Versorgung psychischer Erkrankungen muss verbessert werden und Informationskampagnen zur Aufklärung sind nötig (Budd et al., 2021). Und schließlich liegt es an uns als Gesellschaft, psychische Gesundheit zum Thema zu machen, dem Stigma psychischer Erkrankungen durch offene, wertfreie Kommunikation entgegen zu wirken und durch inklusive, egalitäre, interdisziplinäre Arbeit die psychische Gesundheit von Familien zu verbessern.

Literatur

Abo S, Smith D., Stadt M. & Layton A (2022) Modelling female physiology from head to Toe: Impact of sex hormones, menstrual cycle, and pregnancy. *Journal of Theoretical Biology, 540*, 111074

Alves SP, Costa T, Ribeiro I, Néné M & Sequeira C (2023) Perinatal mental health counselling programme: A scoping review. *Patient Education and Counseling, 106*, 170–179

Arango C, Díaz-Caneja CM, McGorry PD, Rapoport J, Sommer IE, Vorstman JA et al. (2018) Preventive strategies for mental health. *The Lancet Psychiatry, 5*(7), 591–604

Ariss T & Fairbairn CE (2020) The effect of significant other involvement in treatment for substance use disorders: A meta-analysis. *Journal of Consulting and Clinical Psychology, 88*(6), 526–540

Bahk J, Yun S-C, Kim Y & Khang Y-H (2015) Impact of unintended pregnancy on maternal mental health: a causal analysis using follow up data of the Panel Study on Korean Children (PSKC). *BMC Pregnancy and Childbirth, 15*(1), 85

Bahorik AL, Newhill CE & Eack SM (2013) Characterizing the longitudinal patterns of substance use among individuals diagnosed with serious mental illness after psychiatric hospitalization. *Addiction, 108*(7), 1259–1269

Beck CT (1998) A Checklist to Identify Women at Risk for Developing Postpartum Depression. *Journal of Obstetric, Gynecologic & Neonatal Nursing, 27*(1), 39–46

Bennett, H A, Einarson, A, Taddio, A, Koren, G & Einarson, T R (2004) Prevalence of depression during pregnancy: systematic review. *Obstetrics and Gynecology, 103*(4), 698–709

Berger, A (2019) Perinatale psychische Erkrankungen: Ein vernachlässigtes Thema der Gesundheitsversorgung von Frauen. *Psychiatrische Pflege, 4*(1), 17–20

Bertschi IC, Meier F, Bodenmann G (2021) Disability as an Interpersonal Experience: A Systematic Review on Dyadic Challenges and Dyadic Coping When One Partner Has a Chronic Physical or Sensory Impairment. *Frontiers in Psychology, 12*, 624609

Bina R (2020) Predictors of postpartum depression service use: A theory-informed, integrative systematic review. *Women and Birth, 33*(1), e24–e32

BMFSFJ – Bundesministerium für Familie, Senioren, Frauen und Jugend (2020) *Familie heute. Daten. Fakten. Trends. Familienreport 2020.* Abrufbar unter: www.bmfsfj.de/bmfsfj/service/publikationen/familie-heute-daten-fakten-trends–163110

Briggs GG, Towers CV & Forinash AB (2022) *Drugs in pregnancy and lactation: a reference guide to fetal and neonatal risk* (12 Edition). Philadelphia, PA: Wolters Kluwer

Budd M, Iqbal A, Harding C, Rees E & Bhutani G (2021) Mental health promotion and prevention in primary care: What should we be doing vs what are we actually doing? *Mental Health & Prevention, 21*, 200195

Cameron EE, Sedov ID & Tomfohr-Madsen LM (2016) Prevalence of paternal depression in pregnancy and the postpartum: An updated meta-analysis. *Journal of Affective Disorders, 206*, 189–203

Carson SA & Kallen AN (2021) Diagnosis and Management of Infertility: A Review. *JAMA, 326*(1), 65–76

Charmer L, Jefford E & Jomeen J (2021) A scoping review of maternity care providers experience of primary trauma within their childbirthing journey. *Midwifery, 102*, 103127

Christesen AMS, Knudsen CK, Fonager K, Johansen MN, Heuckendorff S (2022) Prevalence of parental mental health conditions among children aged 0–16 years in Denmark: A nationwide register-based cross-sectional study. *Scandinavian Journal of Public Health, 50*(8):1124–1132. doi:10.1177/14034948211045462

Cordel H, Tantet C, Stempak T, Billaud E, Mosnier E, Huber F et al. (2022) Addressing sexuality and sexual health with migrants Practice guidelines. *Infectious Diseases Now, 52*(2), 61–67

Corrigan PW & Nieweglowski K (2019) How does familiarity impact the stigma of mental illness? *Clinical Psychology Review, 70*, 40–50

Csonka Y, Mosimann A, Schweiz & Bundesamt für Statistik (2017) *Familien in der Schweiz: Anhang des Familienberichts 2017: Bericht des Bundesrates vom 26 April 2017 in Erfüllung der Postulate 123144 Meier-Schatz vom 14 März 2012 und 013733 Fehr vom 12 Dezember 2001*

Cui C, Li M, Yang Y, Liu C, Cao P & Wang L (2020) The effects of paternal perinatal depression on socioemotional and behavioral development of children: A meta-analysis of prospective studies. *Psychiatry Research, 284*, 112775

Deaton A & Stone AA (2014) Evaluative and hedonic wellbeing among those with and without children at home. *Proceedings of the National Academy of Sciences, 111*(4), 1328–1333

Dew J & Wilcox WB (2011) If Momma Ain't Happy: Explaining Declines in Marital Satisfaction Among New Mothers. *Journal of Marriage and Family, 73*(1), 1–12

Doss BD, Rhoades GK, Stanley SM & Markman HJ (2009) The effect of the transition to parenthood on relationship quality: An 8-year prospective study. *Journal of Personality and Social Psychology, 96*(3), 601–619

Dyba J, Klein M & Wetzel W (2017) Elternschaft, Partnerschaft und familiäre Konstellationen bei Methamphetaminkonsumierenden – Eine Analyse der Beratungsdokumentation in der ambulanten Suchthilfe. *Suchttherapie, 18*(02), 73–78

European Commission (2013) *Parenting Support Policy Brief*

Eurostat (2022) *Household Composition Statistics.* Verfügbar unter: ec.europa.eu

Farley R, de Diaz NAN, Emerson LM, Simcock G, Donovan C & Farrell LJ (2023) Mindful Parenting Group Intervention for Parents of Children with Anxiety Disorders. *Child Psychiatry & Human Development, 23*, 1–12

Ferreira M, Sanchez ET, Gatimel N, Fajau C, Lesourd F, Bujan L et al. (2016) Parenthood and separation in couples 6 years after their first infertility consultation. *European Journal of Obstetrics & Gynecology and Reproductive Biology, 198*, 7–11

Forster F (2021) *Die psychische Gesundheit von werdenden Eltern unterstützen, Informationen und Empfehlungen für Fachpersonen.* Gesundheitsförderung Schweiz

Fuchs I (2021) *Früher Kindsverlust und Folgeschwangerschaft Psychotherapie und psychologische Begleitung.* München: Ernst Reinhardt

GBD Mental Disorers Collaborators (2019) Global, regional, and national burden of 12 mental disorders in 204 countries and territories, 1990–2019: a systematic analysis for the Global Burden of Disease Study 2019. *Lancet Psychiatry 2022, 9*, 137–50. doi.org/10.1016/S2215-0366(21)00395–3

Green K & Low M (2022) Postpartum Depression: Updates in Evaluation and Care. *Advances in Family Practice Nursing, 4*(1), 145–158

Harknett, K, Billari, F & Medalia, C (2014) Do Family Support Environments Influence Fertility? Evidence from 20 European Countries European. *Journal of Population, 30*(1), 1–33

Heyne C-S, Kazmierczak M, Souday R, Horesh D, Lambregtse-van den Berg M, Weigl T et al. (2022) Prevalence and risk factors of birth-related posttraumatic stress among parents: A comparative systematic review and meta-analysis. *Clinical Psychology Review,* 94, 102157

Hofecker Fallahpour M (Hrsg.) (2005) *Was Mütter depressiv macht und wodurch sie wieder Zuversicht gewinnen: ein Therapiehandbuch.* Bern: Huber

Höglund B & Hildingsson I (2023) Why and when choosing child-free life in Sweden? Reasons, influencing factors and personal and societal factors: Individual interviews during 2020–2021. *Sexual & Reproductive Healthcare,* 35, 100809

Hornstein C, Hohm E, Keppler S, Trautmann-Villalba P, Wild E & Casey R (2009) Prävention postpartaler psychischer Störungen beginnt in der Schwangerschaft! *Journal für Neurologie, Neurochirurgie und Psychiatrie,* 10(1), 48–52

Huang B, Wang Z, Kong, Y, Jin M, Ma L (2023) Global, regional and national burden of male infertility in 204 countries and territories between 1990 and 2019: an analysis of global burden of disease study, *BMC Public Health,* 23, 2195. doi.org/10.1186/s12889-023-16793-3

Hudepohl NS & Smith K (2022) Infertility and Its Association with Depression, Anxiety, and Emotional Distress: A Current Review. *Advances in Psychiatry and Behavioral Health,* 2(1), 119–132

Iafrate R, Bertoni A, Donato S & Finkenauer C (2012) Perceived similarity and understanding in dyadic coping among young and mature couples. *Personal Relationships,* 19(3), 401–419

Iwanski A, Lichtenstein L, Forster F, Stadelmann C, Bodenmann G, & Zimmermann P (2023) Family Systems Perspective on Attachment Security and Dependency to Mother and Father in Preschool: Differential and Reciprocal Effects on Children's Emotional and Behavioral Problems. *Brain Science,* 13(35)

Jones K, Robb M, Murphy S & Davies A (2019) New understandings of fathers' experiences of grief and loss following stillbirth and neonatal death: A scoping review. *Midwifery,* 79, 102531

Junge-Hoffmeister J, Bittner A & Weidner K (2016) Depressive Störungen im Peripartum. In T Hax-Schoppenhorst & S Jünger (Hrsg.), *Das Depressions-Buch für Pflege- und Gesundheitsberufe Menschen mit Depressionen gekonnt pflegen und behandeln* (S. 148–158) Bern: Horgrefe

Khoury JE, Giles L, Kaur H, Johnson D, Gonzalez A & Atkinson L (2023) Associations between psychological distress and hair cortisol during pregnancy and the early postpartum: A meta-analysis. *Psychoneuroendocrinology,* 147, 105969

Lacey M, Paolini S, Hanlon M-C, Melville J, Galletly C & Campbell LE (2015) Parents with serious mental illness: Differences in internalised and externalised mental illness stigma and gender stigma between mothers and fathers. *Psychiatry Research,* 225(3), 723–733

Livingston JD, Youssef GJ, StGeorge J, Wynter K, Dowse E, Francis LM et al. (2021) Paternal coping and psychopathology during the perinatal period: A mixed studies systematic review and meta-analysis. *Clinical Psychology Review,* 86, 102028

Low J, Bishop A & Pilkington PD (2022) The longitudinal effects of paternal perinatal depression on internalizing symptoms and externalizing behavior of their children: A systematic review and meta-analysis. *Mental Health & Prevention,* 26, 200230

Marshman A, Saunders E, Chaves D & Morton Ninomiya ME (2023) Barriers to perinatal mental health care experiences by midwives and obstetricians and their patients: A rapid review. *Midwifery,* 117, 103544

McLaughlin KA, Gadermann AM, Hwang I, Sampson NA, Al-Hamzawi A, Andrade LH et al. (2012) Parent psychopathology and offspring mental disorders: Results from the WHO World Mental Health Surveys. *The British Journal of Psychiatry,* 200(4), 290–299

Meier F, Landolt SA, Bradbury TN & Bodenmann G (2021) Equity of dyadic coping in patients with depression and their partners. *Journal of Social and Clinical Psychology,* 40(3), 249–275

Meier F, Milek A, Rauch-Anderegg V, Benz-Fragnière C, Nieuwenboom JW, Schmid H et al. (2020) Fair enough? Decreased equity of dyadic coping across the transition to parenthood associated with depression of first-time parents (AM Kamperman, Hrsg.). *PLOS ONE,* 15(2), e0227342

Meissner BR (2011) *Emotionale Narben aus Schwangerschaft und Geburt auflösen: Mutter-Kind-Bindungen heilen oder unterstützen – in jedem Alter.* Winterthur: Meissner

Micali N, Simonoff E & Treasure J (2011) Pregnancy and post-partum depression and anxiety in a longitudinal general population cohort: The effect of eating disorders and past depression. *Journal of Affective Disorders, 131*(1), 150–157

Mierau S (2019) *Mutter Sein: von der Last eines Ideals und dem Glück des eigenen Weges*. Weinheim, Basel: Beltz

Misri S, Kostaras X, Fox D & Kostaras D (2000) The impact of partner support in the treatment of postpartum depression. *The Canadian Journal of Psychiatry / La Revue Canadienne De Psychiatrie, 45*(6), 554–558

Monk C, Dimidjian S, Galinsky E, Gregory KD, Hoffman MC, Howell EA et al (2022) The transition to parenthood in obstetrics: enhancing prenatal care for 2-generation impact. *American Journal of Obstetrics & Gynecology MFM, 4*(5), 100678

Moreau C, Bohet A, Le Guen M, Régnier Loilier A & Bajos N (2014) Unplanned or unwanted? A randomized study of national estimates of pregnancy intentions. *Fertility and Sterility, 102*(6), 1663–1670

Mughal MK, Giallo R, Arshad M, Arnold PD, Bright K, Charrois EM et al. (2023) Trajectories of maternal depressive symptoms from pregnancy to 11 years postpartum: Findings from Avon Longitudinal Study of Parents and Children (ALSPAC) cohort. *Journal of Affective Disorders, 328*, 191–199

Mulder EJH, Robles de Medina PG, Huizink AC, Van den Bergh BRH, Buitelaar JK & Visser GHA (2002) Prenatal maternal stress: effects on pregnancy and the (unborn) child. *Early Human Development, 70*(1), 3–14

Muskens L, Boekhorst MGBM, Kop WJ, van den Heuvel MI, Pop VJM & Beerthuizen A (2022) The association of unplanned pregnancy with perinatal depression: a longitudinal cohort study. *Archives of Women's Mental Health, 25*(3), 611–620

Ngai F-W & Gao L-L (2022) Effect of couple-based interpersonal psychotherapy on postpartum depressive symptoms: A randomised controlled trial. *Asian Journal of Psychiatry, 78*, 103274

O'Connor E, Senger CA, Henninger ML, Coppola E & Gaynes BN (2019) Interventions to Prevent Perinatal Depression: Evidence Report and Systematic Review for the US Preventive Services Task Force. *JAMA, 321*(6), 588

Okagbue HI, Adamu PI, Bishop SA, Oguntunde PE, Opanuga AA & Akhmetshin EM (2019) Systematic Review of Prevalence of Antepartum Depression during the Trimesters of Pregnancy Open Access Macedonian. *Journal of Medical Sciences, 7*(9), 1555–1560

Oliffe JL & Phillips MJ (2008) Men, depression and masculinities: A review and recommendations. *Journal of Men's Health, 5*(3), 194–202

Paraschakis A, Michopoulos I, Christodoulou C, Koutsaftis F & Douzenis A (2016) Psychiatric Medication Intake in Suicide Victims: Gender Disparities and Implications for Suicide Prevention. *Journal of Forensic Sciences, 61*(6), 1660–1663

Peter C, Tuch A, Schuler D (2023) *Psychische Gesundheit – Erhebung Herbst 2022. Wie geht es der Bevölkerung in der Schweiz? Sucht sie sich bei psychischen Problemen Hilfe?* (Obsan Bericht 03/2023). Neuchâtel: Schweizerisches Gesundheitsobservatorium

Pierce M, Hope HF, Kolade A, Gellatly J, Osam CS, Perchard R et al. (2020) Effects of parental mental illness on children's physical health: systematic review and meta-analysis. *The British Journal of Psychiatry, 217*(1), 354–363

Rhode A & Dorn A (2007) *Gynäkologische Psychosomatik und Gynäkopsychiatrie: das Lehrbuch*. Stuttgart, New York: Schattauer

Runkle JD, Risley K, Roy M & Sugg MM (2023) Association Between Perinatal Mental Health and Pregnancy and Neonatal Complications: A Retrospective Birth Cohort Study. *Women's Health Issues, 33*(2)

Rüsch N, Abbruzzese E, Hagedorn E, Hartenhauer D, Kaufmann I, Curschellas J et al. (2014) Efficacy of Coming Out Proud to reduce stigma's impact among people with mental illness: pilot randomised controlled trial. *The British Journal of Psychiatry, 204*(5), 391–397

Sachdeva J, Nagle Yang S, Gopalan P, Worley LLM, Mittal L, Shirvani N et al. (2022) Trauma Informed Care in the Obstetric Setting and Role of the Perinatal Psychiatrist: A Comprehensive Review of the Literature. *Journal of the Academy of Consultation-Liaison Psychiatry, 63*(5), 485–496

Sanjuan PM, Fokas K, Tonigan JS, Henry MC, Christian K, Rodriguez A et al. (2021) Prenatal maternal posttraumatic stress disorder as a risk factor for adverse birth weight and gestational age outcomes: A systematic review and meta-analysis. *Journal of Affective Disorders*, 295, 530–540

Schofield Z, Enye S & Kapoor D (2022) Pre-existing mental health disorders and pregnancy. *Obstetrics, Gynaecology & Reproductive Medicine*, 32(5), 83–87

Schumm JA & O'Farrell TJ (2022) A comparison of psychosocial adjustment among children of women who received behavioral couples therapy versus individually based therapy for substance use disorder. *Journal of Substance Abuse Treatment*, 133, 108560

Seidler ZE, Dawes AJ, Rice SM, Oliffe JL & Dhillon HM (2016) The role of masculinity in men's help-seeking for depression: A systematic review. *Clinical Psychology Review*, 49, 106–118

Senn M, Stadelmann C, Forster F, Nussbeck FW & Bodenmann G (2023) Predictors of Parenting and Parental Stress as Mediating Link in Early Childhood: A Dyadic Longitudinal Study. *Journal of Social and Personal Relationships*, Online First, 1–24

Sethna V, Siew J, Gudbrandsen M, Pote I, Wang S, Daly E et al. (2021) Maternal depression during pregnancy alters infant subcortical and midbrain volumes. *Journal of Affective Disorders*, 291, 163–170

Sinko L, Hughesdon K, Grotts JH, Giordano N & Choi KR (2022) A Systematic Review of Research on Trauma and Women's Health in the Nurses' Health Study II. *Nursing for Women's Health*, 26(2), 116–127

Slade PP, Molyneux DR & Watt DA (2021) A systematic review of clinical effectiveness of psychological interventions to reduce post traumatic stress symptoms following childbirth and a meta-synthesis of facilitators and barriers to uptake of psychological care. *Journal of Affective Disorders*, 281, 678–694

Sørensen EH, Thorgaard MV & Østergaard SD (2020) Male depressive traits in relation to violent suicides or suicide attempts: A systematic review. *Journal of Affective Disorders*, 262, 55–61

Stadelmann C, Senn M, Forster F, Rauch-Anderegg V, Nussbeck FW, Johnson, MD et al. (2022) Dyadic coping trajectories across the transition to parenthood: Associations with child mental health problems. *Journal of Family Psychology*, 37(3), 358–368

Staudt A, Baumann S, Horesh D, Eberhard-Gran M, Horsch A & Garthus-Niegel S (2023) Predictors and comorbidity patterns of maternal birth-related posttraumatic stress symptoms: A Latent Class Analysis. *Psychiatry Research*, 320, 115038

Stertz AM, Grether T & Wiese BS (2017) Gender-role attitudes and parental work decisions after childbirth: A longitudinal dyadic perspective with dual-earner couples. *Journal of Vocational Behavior*, 101, 104–118

Sweetman J, Knapp P, Varley D, Woodhouse R, McMillan D & Coventry P (2021) Barriers to attending initial psychological therapy service appointments for common mental health problems: A mixed-methods systematic review. *Journal of Affective Disorders*, 284, 44–63

Szamatowicz M (2016) Assisted reproductive technology in reproductive medicine – possibilities and limitations. *Ginekologia Polska*, 87(12), 820–823

Tainaka H, Takahashi N, Nishimura T, Okumura A, Harada T, Iwabuchi T et al. (2022) Long-term effect of persistent postpartum depression on children's psychological problems in childhood. *Journal of Affective Disorders*, 305, 71–76

Thul TA, Corwin EJ, Carlson NS, Brennan PA & Young LJ (2020) Oxytocin and postpartum depression: A systematic review. *Psychoneuroendocrinology*, 120, 104793

Van Sieleghem S, Danckaerts M, Rieken R, Okkerse JME, de Jonge E, Bramer WM et al. (2022) Childbirth related PTSD and its association with infant outcome: A systematic review. *Early Human Development*, 174, 105667

Vander Borght M & Wyns,C (2018) Fertility and infertility: Definition and epidemiology. *Clinical Biochemistry*, 62, 2–10

van Vulpen, M, Heideveld-Gerritsen, M, van Dillen, J, Oude Maatman, S, Ockhuijsen H, van den Hoogen A (2021) First-time fathers' experiences and needs during childbirth: A systematic review. *Midwifery*, 94, 102921

Wang D, Li Y-L, Qiu D & Xiao S-Y (2021) Factors Influencing Paternal Postpartum Depression: A Systematic Review and Meta-Analysis. *Journal of Affective Disorders, 293*, 51–63

Watson K, White C, Hall H & Hewitt A (2021) Women's experiences of birth trauma: A scoping review. *Women and Birth, 34*, 417–424

Watzke B, Braun M, Haller E, Machmutow K & Ceynowa M (2015) Zugang und Nachsorge bei Psychotherapie Herausforderungen im Behandlungspfad von Menschen mit psychischen Erkrankungen. *Psychotherapie im Dialog 16*, 20–25

Wells, T (2023) Postpartum Depression: Screening and Collaborative Management. *Primary Care: Clinics in Office Practice, 50*(1), 127–142

Wischmann TH (2010) Original Research – Couples' Sexual Dysfunctions: Sexual Disorders in Infertile Couples. *The Journal of Sexual Medicine, 7*, 1868–1876

Wischmann T & Stammer H (2017) *Der Traum vom eigenen Kind: psychologische Hilfen bei unerfülltem Kinderwunsch* (5, überarbeitete Auflage). Stuttgart: W Kohlhammer

Wittchen HU, Jacobi F, Rehm J, Gustavsson A, Svensson M, Jönsson B et al. (2011) The size and burden of mental disorders and other disorders of the brain in Europe 2010. *European Neuropsychopharmacology, 21*, 655–679

World Health Organization (2019) *Trends in maternal mortality 2000 to 2017: estimates by WHO, UNICEF, UNFPA, World Bank Group and the United Nations Population Division Geneva: World Health Organization.* Zugriff am 13.2.2023

Wortmann-Fleischer S, Downing G, Hornstein C (2016) *Postpartale psychische Störungen: ein interaktionszentrierter Therapieleitfaden (Störungsspezifische Psychotherapie)* (2, überarbeitete und erweiterte Auflage). Stuttgart: W Kohlhammer

Yamanaka-Altenstein M (2022) Bedarfsorientierte kognitiv-behaviorale Intervention für Paare mit Infertilität (FERTIFIT): Eine Pilotstudie zur Entwicklung, Durchführbarkeit und Akzeptanz. *PPmP – Psychotherapie Psychosomatik Medizinische Psychologie, 73*(05), 197–205

Yamanaka-Altenstein M, Rauch-Anderegg V & Heinrichs N (2022) The link between infertility-related distress and psychological distress in couples awaiting fertility treatment: a dyadic approach. *Human Fertility, 25*, 924–938

Yang K, Shao X, Lv X, Yang F, Shen Q, Fang J et al. (2022) Perioperative psychological issues and nursing care among patients undergoing minimally invasive surgeries. *Laparoscopic, Endoscopic and Robotic Surgery, 5*, 92–99

Yates S & Gatsou L (2021) Idealisation and stigmatisation of parenting in families with parental mental illness. *SSM – Qualitative Research in Health, 1*, 100020

Zemp M & Bodenmann G (2015) *Partnerschaftsqualität und kindliche Entwicklung: ein Überblick für Therapeuten, Pädagogen und Pädiater.* Berlin Heidelberg: Springer

Zemp M, Johnson MD, Bodenmann G (2019) Out of balance? Positivity–negativity ratios in couples' interaction impact child adjustment. *Developmental Psychology, 55*, 135–147

2 Psychopharmakotherapie in der Schwangerschaft

Stephanie Krüger und Randi Göldner

Zeiten reproduktiver Veränderungen bedeuten für viele Frauen ein erhöhtes Risiko, seelisch zu erkranken. Häufig fallen sie mit einer Erstmanifestation oder Aggravation psychischer Erkrankungen zusammen. Eines der wichtigsten reproduktiven Ereignisse ist die Schwangerschaft: Viele Behandler:innen sind unsicher, ob und wann welche Psychopharmaka bei Frauen im gebärfähigen Alter eingesetzt werden können, ohne dem Ungeborenen oder Neugeborenen zu schaden. Andererseits ist die Sorge um einen Krankheitsrückfall mit unter Umständen erheblichen Konsequenzen für die werdende Mutter und das Ungeborene, wenn Psychopharmaka vor oder während der Schwangerschaft abgesetzt werden, berechtigt.

Unsicherheiten bezüglich der reproduktiven Toxizität von Psychopharmaka oder Sorgen vor einem Krankheitsrückfall führen immer noch dazu, dass Frauen im gebärfähigen Alter mit einer psychischen Erkrankung von einer Schwangerschaft abgeraten wird. Darüber hinaus verhindern unzureichende oder veraltete Informationen über die Toxizität von Psychopharmaka die evidenzbasierte Beratung der Frau mit seelischer Erkrankung und Kinderwunsch.

2.1 Reproduktive Toxizität von Psychopharmaka

Teratogenität: Die Teratogenität beschreibt das Risiko einer Substanz, innerhalb der Frühstschwangerschaft Fehlbildungen der Organe auszulösen. Letztendlich entstehen alle Fehlbildungen in unterschiedlicher Häufigkeit auch spontan in der Allgemeinbevölkerung und nicht jedes Medikament kann jede beliebige Fehlbildung auslösen. Dennoch ist die Gabe von Psychopharmaka für jede Substanz organspezifisch mit einem höheren Risiko der Auslösung von Fehlbildungen assoziiert.

Perinatale Toxizität: Diese beschreibt die Häufigkeit, mit der eine Substanz, die, wenn sie im zweiten und dritten Trimenon gegeben wird, beim Neugeborenen zu Nebenwirkungen, Absetzphänomenen, Adaptationsstörungen oder Geburtskomplikationen führen kann. Es gibt durchaus Substanzen, bei denen kein erhöhtes teratogenes Risiko vorliegt, die aber aufgrund der hohen perinatalen Toxizität nicht eingesetzt werden sollten.

Neurobehaviorale Toxizität: Unter dieser versteht man das Risiko einer Substanz, die kindliche Entwicklung zu beeinträchtigen. So können manche Psychopharmaka zu einer verzögerten motorischen oder intellektuellen Entwicklung des Kindes führen. Zu beachten ist hier allerdings, dass bei allen möglichen Kausalzusammenhängen immer auch bedacht werden muss, dass es keine doppelblinden placebokontrollierten Studien zu dieser Thematik geben kann, da sich diese aus ethischen Gründen verbieten. Hinzu kommt, dass die Beobachtung von Auffälligkeiten in der Entwicklung nicht immer eindeutig mit der Gabe eines Medikamentes in der Schwangerschaft in Verbindung zu bringen sind, da auch Faktoren, wie die psychische Erkrankung der Mutter und eventuelle genetische Einflüsse, eine Rolle spielen können. Auch Nikotin, Alkohol, illegale Drogen, somatische Erkrankungen und ein höherer Body Mass Index (BMI) der Mutter werden mit entsprechenden Entwicklungsverzögerungen in Verbindung gebracht (Miguel et al., 2019).

Konsequenz: Grundsätzlich gilt, dass neben der Erfassung einer Psychopharmakotherapie eine individuelle Beratung unter Bezugnahme auf die Krankheitsanamnese, die medikamentöse Adhärenz, somatische Risikofaktoren und das soziale Netz sehr wichtige Einflussgrößen darstellen. Wichtig ist, junge Frauen für das Thema Schwangerschaft zu sensibilisieren, damit vor allem ungeplante Schwangerschaften, wie sie bei seelisch erkrankten Frauen häufiger vorkommen als in der Allgemeinbevölkerung (Hayatbakhsh et al., 2011; Judge-Golden et al., 2018; Muskens et al., 2022) möglichst vermieden werden. Die Planung einer Schwangerschaft ermöglicht die Anpassung der Medikation mit einem vertretbar geringen Risiko für Mutter und Ungeborenes. Abbildung 2.1 zeigt schematisch das Vorgehen bei geplanter und ungeplanter Schwangerschaft.

I Allgemeine Aspekte zu Krisensituationen bei Frauen

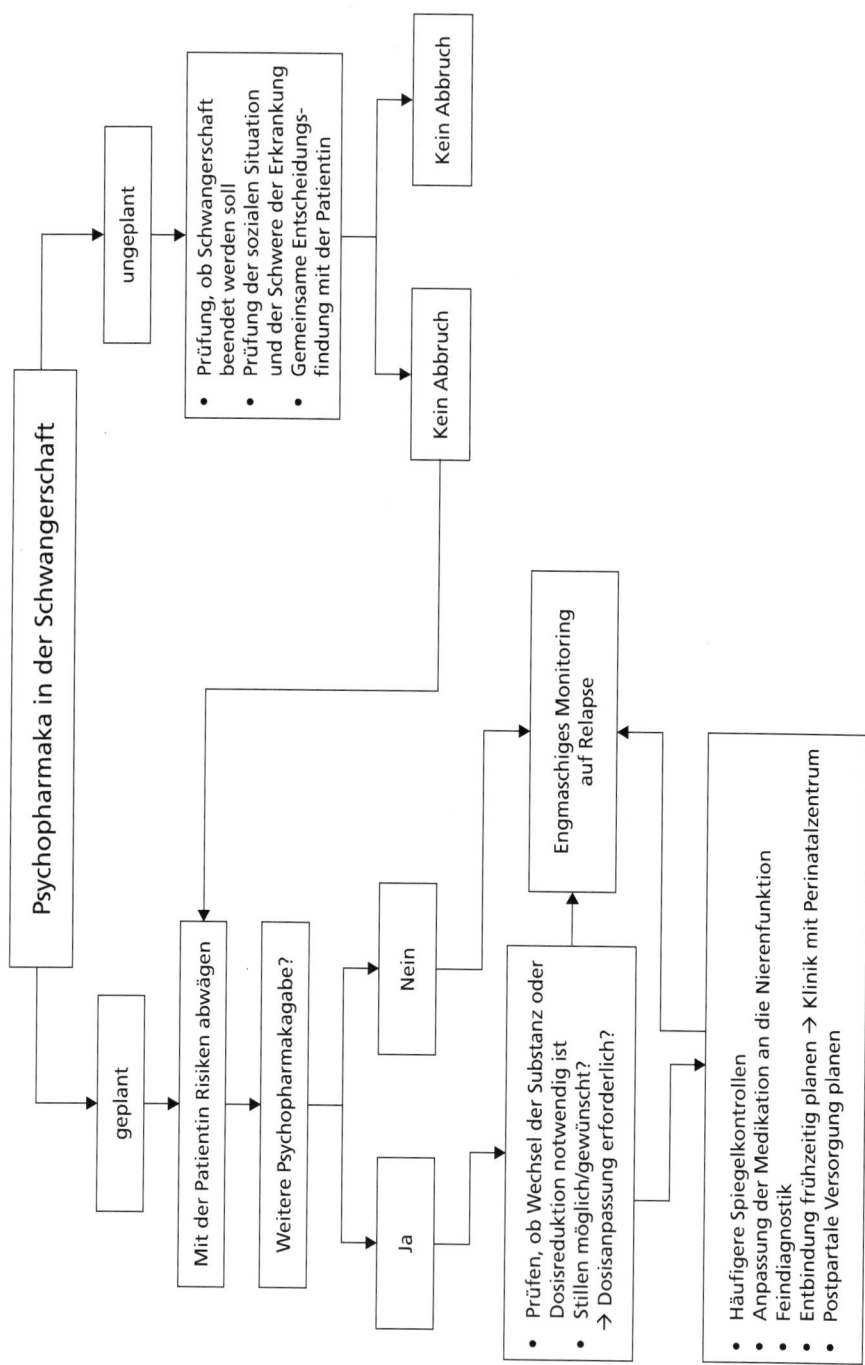

Abb. 2.1: Vorgehen bei geplanter und ungeplanter Schwangerschaft

2.2 Teratogene Toxizität

Stimmungsstabilisierer – Antiepileptika und Lithium

Valproinsäure

Valproinsäure gehört zu den Substanzen mit der höchsten teratogenen Toxizität (Andrade, 2018). Dosisabhängig finden sich Fehlbildungen bei über 20 % der Neugeborenen, welche vor allem die Spina bifida, also den »offenen Rücken«, bei dem sich das knöcherne Skelett nicht oder nur partiell um das Rückenmark bildet, betreffen. Rückenmark tritt aus und kann je nach Ausmaß und Lokalisation zu schweren Behinderungen führen. Bei Dosierungen unter 1000 mg/Tag und der Gabe einer retardierten Form der Valproinsäure kann das Fehlbildungsrisiko auf ca. 10 % gesenkt werden, ist aber bei einer insgesamt geringen spontanen Fehlbildungsrate der Spina bifida in der Allgemeinbevölkerung immer noch sehr hoch (Copp et al., 2015). Die Gabe hochdosierter Folsäure bis 5 mg/Tag kann die Bildung der Spina bifida nur eingeschränkt verhindern (Ornoy, 2009). Auch kardiale Fehlbildungen wurden unter Valproinsäure beschrieben (Mawer et al., 2010).

Es gibt zudem Hinweise darauf, dass die Gehirnentwicklung des Kindes im Sinne der neurobehavioralen Toxizität beeinträchtigt wird, wenn Valproinsäure in der frühen Schwangerschaft und gegebenenfalls auch darüber hinaus gegeben wird.

In der Summe haben diese Risiken dazu geführt, dass der Einsatz von Valproinsäure in der Schwangerschaft und insgesamt bei Frauen im gebärfähigen Alter nicht erfolgen sollte und durch die herstellenden Firmen mit einem »Rote Hand Brief«[1] versehen wurde. In diesem Zusammenhang ist auch das erhöhte Risiko für polyzystische Ovarien unter Valproinsäure zu erwähnen, das mit Unfruchtbarkeit einhergehen kann. Wenn Valproinsäure bei Frauen im gebärfähigem Alter gegeben wird, dann nur nach Ausschluss einer Schwangerschaft, z. B. bei akuter Manie. In der Erhaltungstherapie und in der Phasenprophylaxe hat es hingegen keinen Platz.

Carbamazepin/Oxcarbazepin

In früheren Studien wurde Carbamazepin ein deutlich erhöhtes Risiko für Neuralrohrdefekte zugeschrieben (Tomson et al., 2011; Andrade, 2018). In einer neueren Metaanalyse konnten diese Daten bestätigt werden. Hier zeigte Carbamazepin mit einer Häufigkeit von 2–6 % ein erhöhtes Auftreten sogenannter majorer Fehlbildungen (Veroniki et al., 2017).

Die am häufigsten dokumentierten Fehlbildungen waren Neuralrohrdefekte, kraniofaziale Defekte und kardiale Malformationen. Hier erwies sich die Kombination von Carbamazepin plus Lorazepam mit einer Odds ratio von 10.08 proble-

---

1 »Der Rote-Hand-Brief (RHB) ist eine in Deutschland gebräuchliche Form eines Informationsschreibens, mit dem pharmazeutische Unternehmen heilberufliche Fachkreise über neu erkannte Arzneimittelrisiken informieren, fehlerhafte Arzneimittelchargen zurückrufen oder sonstige wichtige Informationen mitteilen.« (Wikipedia, 2024)

matisch. Ob dies auch auf die Kombination von Carbamazepin mit anderen Benzodiazepinen zutrifft, lässt sich nicht feststellen.

In Bezug auf Lippen-Kiefer-Gaumen-Spalten zeigte sich die Kombination von Carbamazepin und Phenobarbital sowie die Kombination von Carbamazepin und Valproinsäure besonders problematisch (Odds ratio 18.51 und 19.12). Diese Kombinationen werden jedoch eher in der Epileptologie eingesetzt.

Minore Fehlbildungen zeigten unter Carbamazepin ebenfalls eine erhöhte Auftretenswahrscheinlichkeit, was dazu geführt hat, dass der Einsatz dieser Substanz in der Schwangerschaft kritisch evaluiert werden muss.

Zu Oxcarbazepin liegen nur wenig verlässliche Daten bezüglich der Teratogenität vor: Das europäische Register für Schwangerschaften unter Antiepileptika fand bei 3 % der Neugeborenen große Malformationen unter der Behandlung mit Oxcarbazepin (Vossler, 2019).

Unter Carbamazepin und Oxcarbazepin werden auch perinatale Adaptationsstörungen beschrieben, die das respiratorische System und die Muskulatur betreffen (*floppy infant*, Trinkschwäche) (Veroniki et al., 2017; Athar et al., 2022).

Neurobehaviorale Entwicklungsstörungen sind analog zur Valproinsäure, allerdings stammen die Daten aus der Epileptologie und können nicht ohne Weiteres in die Behandlung psychisch kranker Frauen übernommen werden.

Lamotrigin

Lamotrigin zeigt eine dosisabhängige Teratogenität. Ab Dosierungen von 200 mg/Tag zeigen sich Lippen-Kiefer-Gaumen-Spalten bei bis zu 6 % der Neugeborenen. Bei niedrigeren Dosen liegt das Risiko bei 4,4 % (Tomson et al., 2011; Tomson et al., 2018).

Entscheidend bei Lamotrigin sind schwankende Plasmakonzentrationen im Verlauf der Schwangerschaft. Natürlich ist die Korrelation zwischen Spiegel und Wirksamkeit nicht so eindeutig wie in der Epileptologie, stabile Patientinnen können jedoch aufgrund der schwankenden Plasmaspiegel Rückfälle entwickeln. Deswegen ist die Kenntnis der pharmakokinetischen Abläufe in der Schwangerschaft auch bei psychisch erkrankten Frauen wichtig.

Der Lamotrigin Plasmaspiegel fällt aufgrund der erhöhten Kreatinin-Clearance im Verlauf der Schwangerschaft um bis zu 60 % (Ohman et al., 2000; Tran et al., 2002; Petrenaite et al., 2005). Der Anstieg der Lamotrigin-Clearance findet schwerpunktmäßig im ersten Trimenon, aber auch schon kurz nach Beginn der Befruchtung statt (Karanam et al., 2018). Das bedeutet, dass Patientinnen, die auf Lamotrigin eingestellt sind, eine Instabilität in ihrer Symptomatik erfahren können, selbst wenn die Schwangerschaft noch gar nicht bekannt ist. Die erhöhte Lamotrigin Clearance normalisiert sich post partum innerhalb von zwei bis vier Wochen. Es kann zu Toxizitätserscheinungen bei der Mutter führen, wenn die Dosis dann nicht wieder nach unten korrigiert wird (Tran et al,. 2002; Polepally et al., 2014).

Pregabalin

Die teratogenen Risiken von Pregabalin sind unzureichend untersucht. Einige Untersuchungen fanden ein erhöhtes Risiko für größere Fehlbildungen (Winterfeld et al., 2016; Patorno et al., 2017). Aus diesem Grunde können keine abschließenden Empfehlungen zu dessen Einsatz gegeben werden.

Wichtig ist, dass auch die Pregabalin Plasmaspiegel in der Schwangerschaft stark schwanken. Die orale Bioverfügbarkeit von Pregabalin beträgt fast 90 % und ist dosisunabhängig. 90 % der Substanz werden renal ausgeschieden. Aus diesem Grunde unterliegen Pregabalin Konzentrationen ebenfalls clearancebedingten Schwankungen (Polepally et al., 2014; Andrade, 2018). Selbst wenn Blutspiegel der Antiepileptika für psychiatrische Indikationen nicht die gleiche Relevanz haben wie in der Epileptologie, so ist es doch wichtig, gegebenenfalls Dosisanpassungen der jeweiligen Substanzen vorzunehmen.

Lithium

Lithium wurde aufgrund des von Mogens Schou etablierten Lithiumregisters in den 1970er Jahren als hochteratogene Substanz eingestuft (Viguera et al., 2002). Dieses Register war eines der ersten, die möglichst systematisch Risiken von Psychopharmaka in der Schwangerschaft erfassten. Dabei handelte es sich um ein freiwilliges Registrierungssystem, bei dem nach heutiger Sicht schwerpunktmäßig Fälle gemeldet worden waren, bei denen ein Kind mit einer Fehlbildung zur Welt gekommen war. In der Folge wurde das Fehlbildungsrisiko unter Lithium bei bis zu 20 % der Neugeborenen beziffert (Viguera et al., 2002).

Viele Geburten, bei denen es unter der Lithiumtherapie zu keinem kindlichen Schaden gekommen war, wurden nicht registriert.

Korrigierte Zahlen zur Teratogenität von Lithium aus den vergangenen Jahren kommen zu einem anderen Ergebnis: Lithium kann insbesondere eine schwere kardiale Fehlbildung, die Ebstein-Anomalie, auslösen. Die Ebstein-Anomalie ist eine kongenitale Malformation, die durch eine Fehlentwicklung der Trikuspidalklappe und des rechten Ventrikels gekennzeichnet ist. In früheren Untersuchungen fand sich ein bis zu fünffaches Risiko für kongenitale Herzfehlbildungen und ein bis zu 400-facher Anstieg der Ebstein-Anomalie. Die Ebstein-Anomalie kommt in der Allgemeinbevölkerung mit einer Häufigkeit von 0,001 % bis 0,005 % extrem selten vor, unter Lithiumexposition beträgt die Häufigkeit 0,1–0,05 %, sie ist also relativ um das 10- bis 20-fache erhöht, absolut hingegen als niedrig einzustufen (Diav-Citrin et al., 2014; Patorno et al., 2017).

Dennoch gibt es widersprüchliche Ergebnisse in Bezug auf die Toxizität von Lithium in der Schwangerschaft: Eine registerbasierte Kontrollstudie mit 264 von der Ebstein-Anomalie betroffenen Kindern fand zwar eine Verknüpfung mit der allgemeinen mütterlichen Gesundheit, aber nicht mit einer Lithiumeinnahme (Boyle et al., 2017). Reis und Kallen (2008) hingegen fanden eine erhöhte Rate kongenitaler Malformationen unter Lithium-Therapie, ohne ein spezifisches Organsystem zu nennen. Jacobson et al. (1992) konnten dieses in ihrer Untersuchung nicht bestätigen, da sie in ihrer Untersuchung Häufungen in der Allgemeinbevölkerung mit denen unter Lithium verglichen.

Einige große Kohortenstudien (Diav-Citrin et al., 2014; Patorno et al., 2017; Munk-Olsen et al., 2018) zeigten keine einheitlichen Ergebnisse: Diav-Citrin et al. (2014) verglichen die Häufigkeit kongenitaler Malformationen bei lithiumexponierten Schwangerschaften, krankheitsgematchten und nicht-exponierten Schwangerschaften. In der lithiumexponierten Gruppe fand sich ein erhöhtes Risiko für kardiovaskuläre Anomalien. Partorno et al. (2017) untersuchten in einer Kohorte von 1.325.563 Schwangerschaften 663 Frauen, die mit Lithium behandelt wurden. Sie fanden eine dosisabhängige Verbindung zwischen der Einnahme von Lithium und kardialen Malformationen inkl. der Ebstein-Anomalie. Das Risiko, unter Lithium-Exposition eine kardiale Fehlbildung zu entwickeln, wurde mit 1,65 beziffert im Vergleich zu nicht-exponierten Kontrollen. Die Autor:innen schätzten, dass dieses Risiko sich auf 1 zu 100 Lebendgeburten beziffert. Munk-Olsen et al. (2018) hingegen fanden bei 21.397 affektiv erkrankten Frauen, von denen 727 Lithium eingenommen hatten, zwar ein erhöhtes Gesamtrisiko für große Fehlbildungen, aber kein erhöhtes Risiko für kardiale Malformationen.

Es gibt einige Fallberichte zum Auftreten diaphragmaler Hernien (Hosseini et al., 2010), Kropfbildungen (Nars & Girard, 1977; Frassetto et al., 2002), bilateraler Hüftdyslokationen (Deiana et al., 2014) und Neuralrohrdefekten bei Neugeborenen (Jacobson et al., 1992). Grundsätzlich sind hier die Fallzahlen aber zu gering, um Aussagen zu diesen grundsätzlich seltenen kongenitalen Malformationen zu treffen.

Das bedeutet, dass die Ebstein-Anomalie auch unter Lithiumexposition eine seltene Fehlbildung bleibt. Dennoch sind die Daten zu anderen Fehlbildungen nicht so eindeutig, dass man Lithium risikofrei in der Schwangerschaft verordnen sollte. Das Risiko, unter Lithiumexposition eine Fehlbildung zu entwickeln, ist jedoch insgesamt deutlich geringer als bei der Einnahme von Antikonvulsiva zur Phasenprophylaxe bipolarer Störungen. Außerdem beträgt das Rückfallrisiko in eine bipolare Episode nach Absetzen von Lithium wegen oder in der Schwangerschaft fast 60 % (Viguera et al., 2000). Insofern sollte hier eine sorgfältig abgewogene individuelle Entscheidung getroffen werden.

Lithium hat eine geringe therapeutische Breite und aufgrund der Ausscheidung über die Niere unterliegt es in der Schwangerschaft Schwankungen (Grandjean & Aubry, 2009; Oruch et al., 2014). Vor allem im ersten und zweiten Trimenon ist die glomeruläre Filtrationsrate bis zu 50 % gesteigert. Somit können Lithiumspiegel im Verlauf der Schwangerschaft erheblich abfallen (Wesseloo et al., 2017; Westin et al., 2017). Mit einem Abfall des Lithiumspiegels im ersten Trimenon ist um 24 %, im zweiten um 36 % und im dritten um 21 % zu rechnen. Wenn zuvor die Dosis erhöht wurde, so besteht vor allem im dritten Trimenon und postpartum das Risiko einer Lithiumintoxikation. Es ist dringend erforderlich, mindestens einmal im Trimenon einen Lithiumspiegel zu bestimmen und daran zu denken, dass auch durch Erkrankungen wie die Hyperemesis gravidarum, Präklampsie oder durch akuten Blutverlust eine Lithiumintoxikation entstehen kann.

Lithiumspiegel im Fötus sind analog denen in der Mutter, so dass von Dosisanpassungen bei der Mutter auch mit Auswirkungen auf die vitale Gesundheit und dem Anstieg von Komplikationen zu rechnen ist (Newport et al., 2005).

Es wird allgemein empfohlen, Lithiumspiegelspitzen zu vermeiden, indem die Dosis auf mehrere Gaben am Tag verteilt wird (Horton et al., 2012). Hier ist allerdings zu bedenken, dass verteilte Lithiumdosen mit einem erhöhten Risiko renaler Nebenwirkungen und Nonadhärenz verknüpft sind (Singh et al., 2011). Aus diesem Grunde sollte die übliche Dosierung von zweimal täglich möglichst beibehalten werden. Monatliche Lithiumspiegelbestimmungen bis Woche 34 und wöchentliche bis zur Geburt werden empfohlen (Wesseloo et al., 2017).

Verschiedene Autor:innen und Leitlinien empfehlen, Lithium unter der Geburt zu reduzieren, um perinatale Komplikationen zu vermeiden (Newport et al., 2005; National Collaborating Centre for Mental Health (UK), 2014; van Bendegem et al., 2015). Diese Empfehlung hat sich aber nicht als valide erwiesen. Wichtig ist, den Lithiumspiegel kurz vor und 24 Stunden nach der Geburt zu bestimmen, um mögliche Spiegelschwankungen, die durch die erheblichen Volumenverschiebungen unter der Geburt auftreten können, zu erkennen und zu adaptieren. Wenn Muskelrelaxantien erforderlich sind, ist zu beachten, dass Lithium Succinylcholin und Pankuronium in seiner Wirkung deutlich verstärkt (Blake et al., 2008). Keine Auswirkungen hingegen finden sich bzgl. einer Anästhesie mit Periduralanästhesie.

Unter Lithium wurden gehäuft Geburtskomplikationen und neonatale Adaptationsstörungen beschrieben. Hier ist aber zu beachten, dass die meisten Frauen, die Lithium erhalten, eine bipolare Erkrankung haben. Diese ist per se mit einem erhöhten Risiko von Geburtskomplikationen und niedrigen Apgar-Scores verknüpft (Jablensky et al., 2005; Boden et al., 2012).

In einer Metaanalyse bei 727 lithiumexponierten Schwangerschaften und 21.397 Frauen mit bipolarer Störung ohne Lithium, war Lithium nicht mit einer erhöhten Rate an Geburtskomplikationen inkl. Präeklampsie, Diabetes mellitus, fetalem Stresssyndrom, postpartalen Blutungen oder Kaiserschnitt assoziiert (Munk-Olsen et al., 2018).

Andere Untersuchungen hingegen fanden ein dosisabhängiges erhöhtes Risiko, unter Lithium perinatale Komplikationen zu entwickeln: Nephrogener Diabetes insipidus, Gelbsucht, Atemprobleme, Hypotonie, Trinkschwäche, Schilddrüsenunterfunktion, Zyanose, Hypoglykämie und Polyurie wurden in einer großen Metaanalyse von sechs Studien und verschiedenen Fallstudien berichtet (Wilbanks et al., 1970; Woody et al., 1971; Stothers et al., 1973; Morrell et al., 1983; Connoley & Menahem, 1990; Flaherty & Krenzelok, 1997; Pinelli et al., 2002; Kozma, 2005; Munk-Olsen et al., 2018). Aus diesem Grunde wird empfohlen, die Entbindung in einem Krankenhaus mit neonatologischer Abteilung durchzuführen.

Neurobehaviorale Störungen unter Lithium wurden nicht beobachtet, allerdings ist die Gesamtfallzahl von 108 Kindern zu klein, um hier verbindliche Aussagen zu treffen (Schou, 1976; Jacobson et al., 1992; van der Lugt et al., 2012; Forsberg et al., 2018).

Bei allen Entscheidungen, die den Einsatz von Lithium in der Schwangerschaft betreffen, ist zu bedenken, dass das abrupte Absetzen der Substanz in mehr als 60 % der Fälle zu einem Rückfall in eine depressive oder manische Episode führen kann. Deswegen gilt, dass eine engmaschig überwachte Lithiumbehandlung ein geringeres Risiko für Mutter und Kind bedeuten kann als eine akut auftretende Krankheitsepisode.

Antidepressiva

Mindestens 12 % aller Frauen müssen während der Schwangerschaft zum ersten Mal ein Antidepressivum erhalten. Dabei ist die Häufigkeit depressiver Episoden zwischen dem ersten und zweiten Trimenon am höchsten und sinkt im letzten Trimenon ab (Bennett et al., 2004).

40 % aller schwangeren Frauen, die bereits Antidepressiva einnehmen, setzen diese bei Bekanntwerden oder während der Schwangerschaft aufgrund von Ängsten vor Fehlbildungen oder Entwicklungsstörungen beim Neugeborenen ab. Die Adhärenz bezüglich antidepressiver Therapien fällt kontinuierlich von 2,1 % im ersten Trimenon auf 1,7 % im zweiten und 1,3 % im dritten Trimenon (Zoega et al., 2015). Viele Frauen verlassen sich bei ihrer Entscheidung auf die Empfehlung ihres Arztes oder ihrer Ärztin (Berard et al., 2019). Häufig fehlen hier aber Leitlinien oder fachlich basierte Aussagen zur Sicherheit von Antidepressiva in der Schwangerschaft. Molenaar et al. (2018) fanden in einem systematischen Review, dass vier von 16 Leitlinien aus 12 Ländern die dauerhafte Gabe von Antidepressiva über die gesamte Schwangerschaft empfahlen, während fünf sich dazu nicht eindeutig äußerten (Molenaar et al., 2020). Kittel-Schneider et al. (2020) subsumierten europäische Praxisempfehlungen, in denen lediglich vorbestehende mittlere bis schwere depressive Episoden »möglicherweise« über die gesamte Schwangerschaft mit Antidepressiva behandelt werden sollten (Kittel-Schneider et al., 2022). Diese unzureichende Informationslage in Leitlinien verunsichert beratende Ärzt:innen und führt zu Adhärenzproblemen bei den betroffenen Frauen.

Die Folgen einer unbehandelten mütterlichen depressiven Episode können jedoch für die werdende Mutter und das ungeborene Kind erheblich sein. Dazu zählen mütterlicher Suizid, (Khalifeh et al., 2016) Substanzmissbrauch (Bonari et al., 2004; Flynn & Chermack, 2008), neonatale Adaptationsstörungen mit nachfolgend erforderlicher intensivmedizinischer Behandlung (Gentile & Fusco, 2017), emotionale Verhaltens- und kognitive Entwicklungsstörungen (Bonari et al., 2004; Tuovinen et al., 2018; Slomian et al., 2019) sowie Schwierigkeiten in der Mutter-Kind-Interaktion (Bonari et al., 2004; Slomian et al., 2019; Bind et al., 2021).

Teratogene Toxizität von Antidepressiva

Das Fehlbildungsrisiko unter Therapie mit Antidepressiva wird insgesamt als gering eingestuft. Ausnahmen sind Fluoxetin mit einem erhöhten Risiko für Ventrikelseptumdefekte und Paroxetin für pulmonalen Hypertonus. Gao et al. (2017) sowie Masarwa et al. (2019) fanden einen Klasseneffekt für alle Selektiven-Serotonin-Reuptake-Inhibitoren (SSRI) in Bezug auf pulmonalen Hypertonus, aber auch hier gab es ein Ranking über Fluoxetin und Paroxetin mit dem höchsten und Sertralin mit dem niedrigsten Risiko.

Venlafaxin zeigte erhöhte Häufigkeiten mit multiplen größeren Defekten. Dieser Befund relativierte sich, wenn man zugrundeliegende somatische Erkrankungen und andere Cofaktoren bei der Mutter berücksichtigte (Furu et al., 2015). Letztendlich bleibt die Befundlage aber unklar, denn Anderson et al. (2020) bestätigten ein erhöhtes Risiko für größere kongenitale Malformationen, auch wenn zugrunde liegende Komorbiditäten und Risikofaktoren berücksichtigt wurden (Anderson et al., 2020).

Keine erhöhten Fehlbildungsraten fanden sich für Citalopram, Escitalopram und Sertralin, sofern die Mutter keine konfundierenden Aspekte wie somatische Komorbidität, Rauchen, hoher BMI etc. aufwies (Furu et al., 2015; Anderson et al., 2020).

Bupropion war bei Frauen, die in der Schwangerschaft Alkohol getrunken, einen erhöhten BMI und eine geringe Schulbildung hatten, mit einem erhöhten Risiko von Hypospadien, Diaphragmahernien und Darmatresien beim Neugeborenen verknüpft (Anderson et al., 2020).

Trizyklika scheinen mit keinem erhöhten teratogenen Risiko einherzugehen (Kuenssberg & Knox, 1972; Sim, 1972; Huybrechts et al., 2014).

Die Datenlage für Milnacipran, Agomelatin, Vortioxetin und irreversible Mao-Hemmer ist nicht ausreichend, um abschließende Empfehlungen zu geben.

2.3   Perinatale Risiken

Die Gruppe der SSRI und Serotonin-Noradrenalin-Reuptake-Inhibitoren (SNRI ist mit einer Rate von Spontanaborten, Frühgeburten und Fehlgeburten in Verbindung gebracht worden, die doppelt so hoch sein soll wie in der Allgemeinbevölkerung (7% vs. 14% für Spontanaborte) (Broy & Berard, 2010; Nakhai-Pour et al., 2010; Lint, 2011). Dem ist gegenüberzustellen, dass eine Metaanalyse gezeigt hat, dass umgekehrt auch Stress die Rate von Spontanaborten um 42% erhöhen kann (Qu et al., 2017).

Bupropion hat ein deutlich niedrigeres Risikoprofil als SSRI und SNRI (Ewing et al., 2015; Ornoy et al., 2017; Xing et al., 2020).

In Bezug auf perinatale Risiken lauten die aktuellen Empfehlungen, Duloxetin und Venlafaxin ab 150 mg/die in der Schwangerschaft zu vermeiden. Paroxetin und Fluoxetin sollten ebenfalls mit Vorsicht gegeben werden. Citalopram, Escitalopram und Bupropion sollten in möglichst geringer Dosierung verabreicht werden. Bei allen Substanzen wurden perinatale Adaptationsstörungen bei Neugeborenen berichtet, vor allem kardiale und pulmonale Probleme sowie Unruhe oder Schläfrigkeit (Kallen, 2004; Rampono et al., 2009).

Bupropion soll eine sichere und effektive Option sein, wenn eine Schwangere während der Schwangerschaft das Rauchen einstellen möchte – ganz unabhängig von einer vorhandenen seelischen Erkrankung (Kranzler et al. 2021).

Berichte über durch Antidepressiva, vor allem durch Bupropion, ausgelöste Autismus-Spektrum-Störungen konnten keinen eindeutigen Kausalzusammenhang belegen (Mathew et al., 2022).

Es gab Empfehlungen, die antidepressive Therapie im dritten Trimenon zu pausieren, um das Risiko perinataler Adaptationsstörungen zu umgehen. Dies wird nach neueren Erkenntnissen nicht empfohlen, da sich Absetzphänomene ansonsten in utero vollziehen und Interventionen erschwert sind (Warburton et al., 2010; Tharp et al., 2022).

Benzodiazepine und Z-Substanzen

Benzodiazepine und Z-Substanzen werden üblicherweise zur Behandlung einer Angstsymptomatik und/oder Schlafstörungen verschrieben (Donoghue & Lader, 2010; Zoega et al., 2015; Shyken et al., 2019). Leitlinien empfehlen aufgrund des Gewöhnungs- und Suchtpotentials nur einen kurzfristigen Einsatz der Substanzen (Ashton, 1994; Nelson & Chouinard, 1999).

Dennoch ist der Einsatz von Benzodiazepinen und Z-Substanzen in der Schwangerschaft in den letzten Jahren angestiegen (Bjorn et al., 2011; Mitchell et al., 2011; Askaa et al., 2014; Martin et al., 2015; Smolina et al., 2015). Genaue Zahlen sind schwer zu erheben, da die Dunkelziffer erwartungsgemäß hoch ist. Bais et al. (2020) konnten anhand metaanalytischer Daten zeigen, dass die Häufigkeit einer Benzodiazepineinnahme in der Schwangerschaft von 0,9 % auf 1,9 % zunahm (Bais et al., 2020).

Im Postpartum betrug die Einnahme dann wieder 0,5 %. Im ersten und letzten Trimenon war die Einnahme am höchsten. Die am häufigsten verordneten Substanzen waren Diazepam, Lorazepam, Alprazolam, Zolpidem und Clonazepam. Die Autor:innen untersuchten Prävalenzvarianten nach geographischer Region und fanden, dass die höchste Prävalenz in Osteuropa (14 %), gefolgt von Südeuropa 3,8 %), Zentral- und Südamerika (2,3 %), Asien (0,9 %) und Nord-West-Europa (1,2 %) lag. Die Unterschiede waren statistisch signifikant. Die Häufigkeit der Einnahme von Benzodiazepinen und Z-Substanzen war in der Schwangerschaft viermal so hoch wie im Postpartum. Diese Daten beruhten allerdings auf einer einzigen Studie (Riska et al., 2014). Die Befunde stehen im Gegensatz zu den Berichten, dass die Antidepressivaeinnahme über die Schwangerschaft in das Wochenbett hinein stetig ansteigt, was nicht ohne Weiteres nachzuvollziehen ist, da man davon ausgehen kann, dass Patientinnen, die unter Depressionen im Postpartum leiden, auch unter Angst und Unruhezuständen bzw. Schlafstörungen leiden und Benzodiazepine hier verordnet werden könnten (Cooper et al., 2007; Jimenez-Solem et al., 2013; Andrade et al., 2016; Molenaar et al., 2020).

Die U.S. Food and Drug Administration (FDA) hat Lorazepam, Oxazepam und Diazepam als Kategorie D-Substanzen eingestuft, was bedeutet, dass es ein fetales Risiko gibt (Okun et al., 2015). Zolpidem, das ebenfalls häufig verordnet wurde, ist der Kategorie C zugeordnet, was bedeutet, dass diese Substanz sicher in der Anwendung ist. Für Zopiclon gibt es keine analogen Aussagen.

In früheren Studien wurde unter Benzodiazepinen und Z-Substanzen ein erhöhtes Risiko für Lippen-Kiefer-Gaumen-Spalten und kardiovaskuläre Fehlbildungen diskutiert (Safra & Oakley, 1975; Laegreid et al., 1990). Neuere Studien, die über 1 Million Schwangerschaften einschlossen, konnten dieses nicht bestätigen, wobei es für die Z-Substanzen wohl ein dosisabhängiges Risiko geben soll (Enato et al.,

2011). Einige Studien fanden ein erhöhtes Spontanabortrisiko (Sheehy et al., 2019) sowie ein erhöhtes Risiko für Frühgeburten (Ogawa et al., 2018).

Benzodiazepine sind vor allem im letzten Schwangerschaftsdrittel plazentagängig, was einen erhöhten Übergang von der Mutter auf das Kind bedeutet (Kanto, 1982). Der regelmäßige Gebrauch, vor allem von Benzodiazepinen mit langer Halbwertszeit, kann somit zu neonatalen Adaptationsstörungen wie Floppy-infant-Symptomatik, Hypothermie, Atemstörungen und Sedierung des Neugeborenen führen (Yonkers et al., 2017; Freeman et al., 2018).

Deswegen wird empfohlen, dass Frauen, die vor allem im letzten Schwangerschaftsdrittel Benzodiazepine oder Z-Substanzen einnehmen, in einer Klinik mit einer angegliederten Fachabteilung für Neonatologie entbinden sollten (Freeman et al., 2018).

Die unter mütterlicher Benzodiazepin- und Z-Substanzeneinnahme beobachteten Entzugs- und Absetzsymptome beim Neugeborenen können monatelang anhalten; dieses ist abhängig von der Halbwertszeit und der Dosis der eingenommenen Substanzen (Freeman et al., 2018).

Zusammengefasst lässt sich festhalten, dass Angstsymptome, Unruhezustände und Schlafstörungen in der Schwangerschaft zunehmend häufiger mit Benzodiazepinen und Z-Substanzen behandelt werden. Der Einsatz dieser Substanzen ist dahingehend kritisch zu sehen, weil es dosisabhängig unter Z-Substanzen zu Fehlbildungen des knöchernen Schädels kommen kann. Benzodiazepine mit langer Halbwertszeit können das Risiko neonataler Adaptationsstörungen und für Entzugs- sowie Absetzsymptome erhöhen. Gerade im letzten Trimenon sollte der Einsatz von Benzodiazepinen kritisch hinterfragt werden.

Antipsychotika

Antipsychotika, vor allem die der neueren Generation (»Atypika«), werden mit und ohne zugelassene Indikation bei Schizophrenien, bipolaren Störungen, Depressionen, psychotischen Zustandsbildern verschiedener Genese und auch bei Schlafstörungen und Angstzuständen eingesetzt (Alexander et al., 2011; Betcher et al., 2019).

Frauen erhalten häufiger Antipsychotika als Männer mit der höchsten Verschreibungsrate während der reproduktiven Zeit (Camsari et al., 2014, Olfson et al., 2015).

»Klassische« Antipsychotika (Typika): Hauptsächlich die klassischen stark dopamin-blockierenden Substanzen wie Haloperidol und Benperidol (›Typika‹) wurden viele Jahre in der Schwangerschaft für alle möglichen psychiatrischen Erkrankungen und bei der Hyperemesis gravidarum eingesetzt.

Seit der Zulassung verschiedener Atypika ist ihr Einsatz nachweislich zurückgegangen (Betcher et al., 2019), da man sich ein geringeres Nebenwirkungsprofil unter der Behandlung erhoffte.

Atypika: Der Einsatz von Atypika hat sich deswegen in den letzten 20 Jahren mehr als verdoppelt und Schätzungen zufolge erhalten 1,3 % aller schwangeren Frauen

Atypika im Vergleich zu nur noch 0,1 % der Schwangeren, die Typika einnehmen (Toh et al., 2013; Park et al., 2017).

Ähnlich wie bei den Antidepressiva werden Antipsychotika häufig abrupt abgesetzt, wenn die Schwangerschaft bekannt wird. In der Folge erleiden 53 % der schwangeren Frauen mit schizophrenen Störungen einen Rückfall im Vergleich zu 16 % der Frauen, die ihre Behandlung über die Schwangerschaft fortführen (Robinson, 2012; Ifteni et al., 2014; Dazzan, 2021).

Ähnlich verhält es sich bei bipolaren Erkrankungen, hier verdoppelt sich das Risiko, in der Schwangerschaft einen Rückfall zu bekommen, wenn die antipsychotische Medikation mit Bekanntwerden der Schwangerschaft abgesetzt wird.

Krankheitsrückfälle, unabhängig von der zugrundeliegenden psychiatrischen Diagnose, werden mit schlechter neonataler Adaptation, Frühgeburten, »Small for date babies«, diabetogener Stoffwechsellage und Störungen der neurokognitiven motorischen Entwicklung verknüpft. Werdende Mütter, die ihre Medikation in der Schwangerschaft absetzen, weisen eine schlechte neonatale Vorsorge auf, zeigen häufig impulsives Verhalten, das die Patientin und das Kind gefährdet, rauchen mehr, konsumieren mehr Alkohol und Drogen und ernähren sich schlecht (Thomson & Sharma, 2018; Ceulemans et al., 2021; Easey & Sharp, 2021; Mate et al., 2021).

Aus genannten Gründen bedarf es einer individuellen Abwägung, ob ein Antipsychotikum in der Schwangerschaft neu verordnet oder weiter verordnet oder abgesetzt wird. Die Daten zur reproduktiven Sicherheit der Antipsychotika sind unzureichend, wobei die meisten Studien nahelegen, dass die gesamte Substanzklasse ein niedriges reproduktives Risiko beinhaltet (Betcher et al., 2019)

Typika

Als Gesamtklasse wurden typische Antipsychotika (TA) nicht mit kongenitalen Malformationen in Verbindung gebracht. Huybrechts et al. (2016) extrahierten mehr als 1,3 Mio. Schwangerschaften aus der »Medicaid Analytic eXtract« (MAX) Datenbank, in der fast die Hälfte aller Schwangerschaften in den USA erfasst sind. Es wurden mehr als 10.000 Patientinnen gefiltert, die im ersten Trimenon ein Antipsychotikum erhalten hatten.

Das absolute Risiko kongenitaler Malformationen war in der Gruppe der Frauen, die ein Typikum erhalten hatten, zwar höher (38,2 von tausend Lebendgeburten verglichen mit 32,7 von tausend Lebendgeburten, die keine Exposition hatten), nach Korrektur für konfundierende Faktoren ergab sich kein erhöhtes Risiko unter Typikatherapie mehr. In zwei Studien konnte zwar ein erhöhtes Risiko für »Small for date babies« und geringes Geburtsgewicht festgestellt werden, allerdings waren die konfundierenden Variablen hier Rauchen und illegaler Drogenabusus (Newham et al., 2008; Petersen et al., 2014). Aus diesem Grunde werden Typika wie z.B. Haloperidol und Flupentixol immer noch in der Schwangerschaft eingesetzt. Zu beachten ist, dass diese Substanzen mit einem erhöhten perinatalen Adaptationsrisiko und mit extrapyramidalmotorischen Nebenwirkungen und Akathisie beim Neugeborenen in Verbindung gebracht wurden (Diav-Citrin et al., 2005). Der off-label-

Einsatz von Haloperidol bei der Hyperemesis gravidarum wurde ebenfalls in mehreren Studien in diesem Zusammenhang untersucht (Kopelman, 1975; Reis et al., 2008; Van Waes & Van, 2013). Während Kopelman einen Zusammenhang zwischen Haloperidol, Malformationen und erhöhtem perinatalen Adapationsrisiko vermutete, konnten die Untersuchungen neueren Datums keinen solchen belegen.

Atypische Antipsychotika

In der Studie von Hyubrechts et al. (2016) ergab sich kein Hinweis auf kongenitale Malformationen bei Kindern von mit Antipsychotika behandelten Müttern im Vergleich zu nicht-exponierten Kindern. Gerade das oft diskutierte Risiko für kardiale Fehlbildungen zeigte sich nach Ausschluss konfundierender Variablen wie Rauchen, Substanzkonsum und komorbide Erkrankungen, wie z. B. Diabetes, nicht erhöht. Die Mütter, die Antipsychotika genommen hatten und ein Kind mit einer Malformation zur Welt gebracht hatten, waren im Durchschnitt älter, entbanden frühzeitiger, konsumierten häufiger teratogene Substanzen wie beispielsweise Alkohol und wiesen mehr komorbide Erkrankungen auf.

In einer Kohortenstudie mit etwa 320.000 Frauen wurden ähnliche Ergebnisse gefunden. Nach Korrektur konfundierender Variablen wie Rauchen, Alkoholkonsum und BMI, ließ sich bei Schwangerschaften mit und ohne Antipsychotikaexposition statistisch kein erhöhtes Risiko für Fehlbildungen unter Antipsychotika nachweisen (Petersen et al., 2016).

Cohen et al. (2016) analysierten ein US-amerikanisches Schwangerschaftsregister und konnten bei 487 Frauen, von denen 353 atypische Antipsychotika während der Schwangerschaft eingenommen hatten, insgesamt bei vier Kindern majore Fehlbildungen identifizieren, davon bei drei in der Antipsychotikagruppe.

Auch hier wiesen die Frauen in der Antipsychotikagruppe im Vergleich zur Vergleichsgruppe einen höheren BMI und eine geringere Schulbildung sowie erheblichen Nikotinkonsum auf.

Obwohl es noch weitere kleinere Fallserien und Kasuistiken gibt, von denen die meisten kein erhöhtes Risiko für kongenitale Malformationen unter Antipsychotikatherapie der Schwangeren identifizieren konnten, so gab es doch bei einigen den Hinweis auf häufigere majore Fehlbildungen vor allem der kardiovaskulären Organe. Hier muss ergänzt werden, dass es aufgrund der geringen Fallzahl nicht möglich war, Subanalysen unter Berücksichtigung der genannten Lifestyle- und metabolischen Variablen durchzuführen (Gaebel, 2005; Bulletins-Obstetrics, 2008; Einarson & Boskovic, 2009; Galbally et al., 2010; Hasan et al., 2015; McAllister-Williams et al., 2017; Ornoy et al., 2017; Graham et al., 2018; van den Bergh et al., 2018; Romaine & McAllister-Williams, 2019).

Fehl- und Totgeburten

Sorensen et al. (2015) analysierten anhand der Daten des dänischen Gesundheitsregisters mit über 1 Million Geburten den Zusammenhang zwischen mindestens einer Verschreibung antipsychotischer Medikation und Fehl- bzw. Totgeburten.

Dabei untersuchten sie zudem auch Schwangerschaften von Frauen, die mehrfach mit und ohne Antipsychotikaexposition geboren hatten, um das Risiko von Lifestylefaktoren wie Rauchen, sozioökonomischen Status und Alkohol-/Drogenkonsum besser abschätzen zu können. So ist neben Alkohol- und Zigarettenkonsum auch der Gebrauch illegaler Drogen, z.B. Kokain, mit einer erhöhten Rate an Schwangerschafts- und Geburtskomplikationen assoziiert (Gouin et al., 2011).

Die Beobachtung, dass Frauen unter Antipsychotikatherapie häufiger Fehl- und Totgeburten erleiden sollen als nicht-exponierte Frauen, konnte hier nicht eindeutig widerlegt werden. Zwar spielten auch die genannten Lifestylefaktoren und eine insgesamt ungesundere Lebensweise eine Rolle, aber möglicherweise können höhere Dosen von Antipsychotika die genannten Risiken begünstigen. Insgesamt lag die Fehl- und Totgeburtsrate bei 1,2 % bei exponierten Schwangerschaften und bei 0,5 % bei Frauen ohne Antipsychotikatherapie.

Eine deutsche Kohortenstudie von Habermann et al. (Berlin-Studie) untersuchte 561 Schwangerschaften mit atypischen und 284 mit konventionellen Antipsychotika und verglich sie mit 1122 nicht-exponierten Schwangerschaften (Habermann et al., 2013). Die Autor:innen fanden insgesamt kein durch Antipsychotika erhöhtes Risiko für Fehlgeburten, wobei die genannten Raten im Vergleich zur Studie von Sorensen et al. (2015) sehr hoch erscheinen: atypische Antipsychotika 24 %, konventionelle Antipsychotika 16 %, Kontrollgruppe 20 % für Fehlgeburten, atypische Antipsychotika 9,1 %, konventionelle Antipsychotika 15,1 %, Kontrollgruppe 8,7 % für Totgeburten. Eine Kohortenstudie aus Japan fand ein erhöhtes Risiko für Fehlgeburten unter Aripiprazol, nicht aber unter allen anderen Atypika (Sakai et al., 2017). Wie dieser Befund einzuschätzen ist, bedarf weiterer Untersuchungen.

Die Atypika im Einzelnen

Quetiapin

Quetiapin ist das am häufigsten verordnete atypische Antipsychotikum in der Schwangerschaft (Huybrechts et al., 2016; Park et al., 2017). In der Studie von Huybrechts et al. wurde berichtet, dass von 9.258 Frauen, die ein Antipsychotikum während der Schwangerschaft einnahmen, knapp die Hälfte Quetiapin erhielten. Es gab nach Kontrolle konfundierenden Variablen keine Hinweise darauf, dass Quetiapin mit Malformationen assoziiert wäre.

Aripiprazol

Aripiprazol wird am zweithäufigsten in der Schwangerschaft verordnet (Park et al., 2017) und wird ebenfalls nicht mit kongenitalen Malformationen in Zusammenhang gebracht (Huybrechts et al., 2016). Bellet et al. (2015) fanden in ihrer Studie zur Exposition mit Aripiprazol während der Embryogenese bei 86 Frauen ebenfalls keine erhöhten Raten kongenitaler Malformationen. Anders stellt sich dies bei Montastruc et al. (2016) dar, die in ihrem Review Vigibase der WHO Global Individual Case Safety Report Database fanden, dass unter Aripiprazol überzufällig häufig Lippen-Kiefer-Gaumen-Spalten sowie ösophageale und anorektale Fehlbildungen auftraten. Zu dieser Publikation ist zu sagen, dass die Daten auf spontanen Berichten beruhten und bisher nicht repliziert wurden.

Risperidon

Das reproduktive Risiko von Risperidon wurde in mehreren Studien untersucht (Ratnayake & Libretto, 2002; Dabbert & Heinze, 2006; Kim et al., 2007; Rodriguez-Salgado, 2008; Wichman, 2009; Ennis & Damkier, 2015; Betcher et al., 2019; Andrade, 2021; Ellfolk et al., 2021). Die Aussagen zur Häufigkeit von Malformationen unter einer Risperidonbehandlung in der Schwangerschaft sind nicht eindeutig. Einige Studien fanden ein Risiko von 3,8 % für majore Fehlbildungen (Koppa et al., 2007; Ennis et al., 2015; Montastruc et al., 2016).

In einer Studie von Hyubrechts et al. (2016) war Risperidon mit einem statistisch um 26 % erhöhten Risiko für Fehlbildungen einschließlich kardialen Malformationen assoziiert (RR 1,26; 95 %-KI, 1,02–1,56) (Huybrechts et al., 2016). Dieser Befund wurde von den Autor:innen zwar hinterfragt, da es keine rationale Erklärung gab, warum ausgerechnet Risperidon mit einem erhöhten teratogenen Risiko assoziiert sein sollte. Dennoch weisen sie darauf hin, dass Frauen auf dieses mögliche Risiko hingewiesen werden müssen.

Olanzapin

Brunner et al. (2013) untersuchten prospektiv bei 610 schwangeren mit Olanzapin behandelten Frauen das teratogene Risiko. Die Rate kongenitaler Fehlbildungen lag bei 4,4 % bei einer angenommenen spontanen Fehlbildungsrate zwischen 3 % und 5 % und wurde somit als nicht erhöht angesehen.

Ennis et al (2015) fanden eine 3,5 %ige Malformationsrate im Rahmen einer Metaanalyse von 1.090 Olanzapin exponierten Schwangerschaften, was ebenfalls der Rate in der Allgemeinbevölkerung entspricht.

Auch Huybrechts et al (2016) fanden keine erhöhte Fehlbildungsrate bei 1.394 olanzapinexponierten Schwangerschaften (Huybrechts et al. 2016).

Ellfolk et al. (2021) hingegen berichteten über ein erhöhtes Risiko für Fehlbildungen der großen Organe unter Olanzapinexposition. Andrade (2021) kritisiert hier, dass es keine Kontrolle in Bezug auf konfundierende Variablen gegeben habe. Brunner et al. (2013) berichteten, dass die Rate von Spätgeburten, Spontanaborten, ektopischen Schwangerschaften und Totgeburten unter Olanzapinexposition analog der in der Allgemeinbevölkerung sei. In der Summe wurde Olanzapin vor allem nach Risikoabwägungen als relativ sicher eingestuft.

Clozapin

Es gibt nur sehr wenige Daten in Bezug auf den Einsatz von Clozapin in der Schwangerschaft. Insgesamt überblickt die Literatur 529 Schwangerschaft unter

Clozapin, bei denen in 4,2 % Malformationen auftraten (McKenna et al., 2005). In Anbetracht der besser untersuchten Optionen sollte Clozapin nur dann eingesetzt bzw. weitergeführt werden, wenn es keine anderen Behandlungsalternativen mit Antipsychotika gibt.

Andere

Es gibt keine Daten zu Asenapin und Cariprazin.

Depot Antipsychotika

O'Sullivan et al. (2022) identifizierten 12 relevante Fallstudien mit insgesamt 13 Schwangerschaften. In sechs Fällen konnten weder Malformationen noch perinatale Komplikationen festgestellt werden. Bei den übrigen sieben Fällen wurde über ein Kind mit multiplen Malformationen (Olanzapin Depot), drei Kinder mit minoren Fehlbildungen (Olanzapin/Aripiprazol), ein Kind mit EPMS (Haloperidol) und insgesamt vier Kindern mit perinatalen Adaptationsstörungen berichtet (Olanzapin/Aripiprazol) berichtet.

Zu Paliperidon gibt es nur zwei Fallstudien in Bezug auf das Depot-Präparat (Ozdemir et al., 2015; Rodriguez et al., 2017) und eine Kohortenstudie mit 17 Patientinnen, von denen zehn Paliperidon Depot erhielten. Es ergaben sich keine Hinweise auf Malformationen (Onken et al., 2018).

Die Datenlage ist für eine abschließende Aussage zur Sicherheit der Depotpräparate in der Schwangerschaft unzureichend.

Neonatale Adaptation

Dosisabhängig haben die meisten Antipsychotika Auswirkungen auf die neonatale Adaptation. Respiratorische Schwierigkeiten, Floppy-infant-Syndrom oder EPMS/Akathisie, gastrointestinale Probleme sowie Schläfrigkeit oder Schreianfälle, oder sogenannte »Sumo-Kinder« mit diabetischer Stoffwechsellage und zu hohem Geburtsgewicht wurden beobachtet (Auerbach et al., 1992; Habermann et al., 2013; Kulkarni et al., 2014; Frayne et al., 2017). Aus diesem Grunde wird empfohlen, dass Mütter, die über die gesamt oder größere Teile der Schwangerschaft eine Exposition zu Antipsychotika hatten, in einer Klinik mit Neonatologie entbinden sollten. Von Hausgeburten oder Geburten in Geburtshäusern wird abgeraten.

Unter Typika finden sich vor allem Atemwegsstörungen, Bewegungsstörungen, Hypertonie oder kardiale Blockbilder, aber auch Krampfanfälle, Übererregbarkeit, Somnolenz und Trinkschwäche. Auch die beim Erwachsenen auftretenden extrapyramidalmotorischen Nebenwirkungen Tremor, Rigor, Hypokinese, Tortikollis, Dyskinesien, Hyperreflexibilität, Unruhe neonatale Hypothermie können beim Neugeborenen auftreten (Kulkarni et al., 2014).

Unter den Atypika ist Clozapin besonders zu benennen, selbst wenn es nur einige Fallberichte zu dessen perinataler Komplikationsrate gibt. Es wurde hier über reduzierte kardiale Funktionsfähigkeit, neonatale Krampfanfälle, Floppy-infant-Syndrom und Macrocephalie (Dev & Krupp, 1995; Di Michele et al., 1996; Stoner et al., 1997; Yogev et al., 2002; Boden et al., 2012; Sreeraj & Venkatasubramanian, 2016) berichtet. Andere Kasuistiken fanden hingegen nur minimale Komplikationen bei Neugeborenen von mit Clozapin behandelten Müttern, wie Trinkschwäche und Sedierung (Linn et al., 2010; Duran et al., 2008; Barnas et al., 1994).

Aripiprazol wurde ebenfalls mit einer Häufung neonataler Adaptationsstörungen in Verbindung gebracht (Bellet et al., 2015; Galbally et al., 2018). Unter diesen zeigte sich vor allem ein niedriges Geburtsgewicht, häufigere Aufnahmen auf die neonatale Intensivstation und Frühgeburten. Galbally et al. (2018) berichteten über eine Häufung von Blutdruckerhöhung bei den schwangeren Frauen, die Aripiprazol eingenommen hatten, sie fanden allerdings kein erhöhtes Risiko für Präklampsie.

Das Antipsychotikum mit der geringsten Placentagängigkeit und damit dem geringsten perinatalen Risiko ist Quetiapin.

Die Berichte zu den Typika, aber auch zu manchen atypischen Antipsychotika, hatten andere als die pharmakogenen Risikofaktoren wie Sectio, Frühgeburt, niedriges Geburtsgewicht erhöhter BMI der Mutter, diabetische Stoffwechsellage oder schlechte pränatale Vorsorge jedoch nicht berücksichtigt, so dass die Ursachen der perinatalen Komplikationen nicht monokausal zu sehen sind. Auch das Stresslevel der Mutter in der Schwangerschaft und die Mutter-Kind-Interaktion nach der Geburt können sich auf die neonatale Adaptation auswirken. Die meisten Anpassungsstörungen sind auf bis zu zwei Wochen Dauer begrenzt.

2.4 Neurobehaviorale Entwicklung

Es ist schwierig, verbindliche Aussagen zu möglichen Einflüssen von Antipsychotika auf die neurobehaviorale Entwicklung zu treffen. Drei Studien konnten Entwicklungsstörungen nach 2,6 und 9 Monaten feststellen, die sich aber nach 24 Monaten wieder zurückbildeten (Johnson et al., 2012; Peng et al., 2013; Hurault-Delarue et al., 2016). Insbesondere Clozapin scheint einen negativen Einfluss auf die kognitive, sprachliche, motorische, soziale und emotionale Entwicklung in den ersten Monaten zu haben (Shao et al., 2015).

In einer Studie von Wibroe et al. (2017) wurde gezeigt, dass Entwicklungsstörungen nach Antipsychotikaexposition auch dauerhaft sein können. Sie untersuchten insgesamt 3.887 Kinder, wobei hier nicht unterschieden wurde, ob es sich um eine Antipsychotika-Monotherapie handelte oder ob die Mütter auch Benzodiazepine, Hypnotika oder Sedativa eingenommen hatten. Die Autor:innen verglichen die exponierten Kinder mit Kindern, deren Mütter entweder keine Psychopharmaka oder andere als die Genannten eingenommen hatten. Die Gruppe der Antipsychotika (oder Anxiolytika, Hypnotika, Sedativa) exponierten Kinder zeigten bis weit in die schulische Entwicklung hinein emotionale, kognitive und motorische Entwicklungsstörungen. Sie benötigten häufiger besondere Schulung und hatten niedrigere Schulabschlüsse als die anderen Gruppen. Ein kritischer Punkt ist hier, dass die seelische Gesundheit der Mutter, Polypharmazie und die körperliche Gesundheit des Kindes nicht in die Auswertungen mit einbezogen wurden.

Wang et al. (2021) untersuchten das Auftreten von ADHS, Autismus und die Häufigkeit von »Small for date babies« bei antipsychotikaexponierten und nicht-antipsychotikaexponierten Kindern psychisch erkrankter Mütter, nicht psychisch erkrankten Müttern und – wo möglich – ebenfalls exponierten und nicht-exponierten Geschwistern jeder Gruppe. Die Kinder der nicht behandelten psychisch erkrankten Mütter hatten das größte Risiko an einer der genannten Störungen zu erkranken bzw. mit zu geringem Geburtsgewicht auf die Welt zu kommen. Die Befunde betonen die große Relevanz einer nicht behandelten seelischen Erkrankung für die Entwicklung neurobehavioraler Entwicklungsstörungen (Vigod et al., 2015; Petersen et al., 2016).

Gestationsdiabetes

Ein nicht zu unterschätzendes Problem ist die Entwicklung von Schwangerschaftsdiabetes, Übergewicht und Insulinresistenz bei schwangeren Frauen unter Antipsychotikaexposition (Boden et al., 2012; Kulkarni et al., 2014). Hier sind besonders Clozapin, Quetiapin und Olanzapin zu nennen (Gentile, 2014; Heinonen et al., 2022).

In einer Review zu metabolischen Effekten spezifischer Atypika in der Schwangerschaft konnte Gentile (2014) 18 Fälle von Gestationsdiabetes in der Literatur identifizieren, davon fünf unter Clozapin, neun unter Olanzapin und jeweils zwei unter Risperidon und Quetiapin.

Eine schwedische Registerstudie zeigte ebenfalls ein erhöhtes Risiko für Gestationsdiabetes bei schwangeren Frauen, die mit Atypika mit hohem metabolischem Risiko (Clozapin, Olanzapin, Quetiapin) behandelt wurden (Heinonen et al., 2022). Die Risk Ratio gegenüber unbehandelten Frauen lag bei 2.2 (95% CI 1.6–2.9), die Risk Ratio gegenüber Frauen, die vor/nach, aber nicht während der Schwangerschaft, behandelt wurden, bei 1.8 (95% CI 1.4–2.5). Auch nach Korrektur konfundierender Faktoren, wie ein erhöhter BMI der Mutter, zeigte sich weiterhin ein erhöhtes Risiko mit Risk Ratios von 1.8 (95% CI 1.3–2.4) bzw. 1.6 (95% CI 1.2–2.1). Andere Antipsychotika waren nicht mit einem erhöhten metabolischen Risiko assoziiert.

In einer Studie von Park et al. (2018) wurde das Risiko auf 1,5-fach im Vergleich zu nicht-exponierten Frauen geschätzt. Die Autor:innen konnten keine Dosisabhängigkeit feststellen, d. h. die genannten Substanzen können bereits in niedrigen Dosierungen metabolisch ungünstige Auswirkungen haben. Als einzige Ausnahmen konnten Aripiprazol und Risperidon identifiziert werden (Bellet et al., 2015; Park et al., 2017). In diesen Fällen müssen das möglicherweise erhöhte teratogene Risiko (Risperidon) und das erhöhte Risiko für neonatale Adaptationsstörungen/-komplikationen (Aripiprazol) gegen das metabolische Risiko bei der Mutter abgewogen werden. Zu bedenken ist bei Substanzen mit erhöhter Placentagängigkeit und metabolischem Risiko bei der Mutter, die Entwicklung von »Sumo-Kindern«,

Schulterdystokie und das Risiko einer prädiabetischen Stoffwechsellage beim Kind (Panchaud et al., 2017; Galbally et al., 2020).

2.5 Zusammenfassung und Empfehlungen

Seelische Erkrankungen, die außerhalb einer Schwangerschaft auftreten, erfordern medizinische Entscheidungen, die primär die betroffenen Frauen in den Vordergrund stellen. Anders bei seelischen Erkrankungen bei Kinderwunsch oder in der Schwangerschaft – hier muss auch die Sicherheit des ungeborenen, bzw. neugeborenen Kindes bei allen Entscheidungen Berücksichtigung finden.

Störungen des affektiven Spektrums – Depressionen, Angsterkrankungen, bipolare Störungen, aber auch psychotische Erkrankungen – stellen unbehandelt ein Risiko für Mutter und Kind dar, indem es zu schlechter pränataler Vorsorge, Substanzkonsum, metabolischen Problemen, oder vermehrtem psychischen Stress kommen kann. All das kann die intrauterine und später die emotionale, kognitive und motorische Entwicklung sowie postpartal die perinatale Adaptation des Kindes negativ beeinflussen.

In diesem Spannungsfeld kann keine Entscheidung ohne Risiko sein. Die betroffenen Frauen selbst sind oft hochgradig verunsichert, möchten einerseits ihrem ungeborenen/neurogeborenen Kind nicht schaden, wissen aber andererseits auch um die Auswirkungen von Krankheitsepisoden auf die eigene Gesundheit und fürchten auch hier die Folgen für das Kind. Es ist daher die Aufgabe von Ärzt:innen, die Beratung der Patientin so zu gestalten, dass alle Faktoren inkl. des individuellen Krankheitsverlaufes, psychosozialer Faktoren, aber selbstverständlich auch die reproduktiven Risiken der Psychopharmaka und anderer Noxen Berücksichtigung finden.

Im Idealfall findet die Beratung Wochen bis Monate vor der Umsetzung des Kinderwunsches statt, um gegebenenfalls Umstellungen oder Anpassungen der bestehenden Medikation vorzunehmen. Mehr als 50% der Schwangerschaften bei seelisch erkrankten Frauen geschehen jedoch immer noch ungeplant, sodass es oft keine Möglichkeit der prophylaktischen Intervention gibt. Von daher hat die Sensibilisierung junger Frauen für das Thema geplante Schwangerschaft, auch unabhängig von einem aktuell bestehenden Kinderwunsch, hohe Priorität.

Themen, die dabei unbedingt im Vordergrund stehen sollten, sind: adäquate Kontrazeption, Fragen nach einem unterstützenden sozialen Umfeld, einem stabilen Beziehungsgefüge und nach der Möglichkeit der Patientin, Verantwortung zu übernehmen, und eine emotionale Bindung zum Kind aufzubauen.

In Fällen, in denen absehbar ist, dass eine Schwangerschaft und die daraus resultierende Verantwortung für ein Kind eine zu große Belastung für die Patientin darstellt, sollte dieses offen ausgesprochen und dokumentiert werden. Umgekehrt sollten Faktoren wie Substanzkonsum, mangelnde Adhärenz bezüglich der stabilisierenden Medikation, instabile Beziehungsgestaltung und insgesamt fehlendes Problembewusstsein ebenfalls Teil der Beratung sein.

Für die meisten bisher zugelassenen Psychopharmaka liegen ausreichend und qualitativ hochwertige Informationen vor, die evidenzbasierte Empfehlungen für die Schwangerschaft und Postpartalzeit ermöglichen. Dennoch sollten sich Ärzt:innen regelmäßig fortbilden, da es immer wieder aktualisierte Analysen unter neuen Gesichtspunkten und Auswertungen größerer Datenbanken und Referenzsysteme gibt.

Nicht hinnehmbar ist, jungen Frauen mit einer psychischen Erkrankung grundsätzlich von einer Schwangerschaft abzuraten.

Literatur

Alexander GC, Gallagher SA, Mascola A, Moloney RM & Stafford RS (2011) Increasing off-label use of antipsychotic medications in the United States, 1995–2008. *Pharmacoepidemiol Drug Saf, 20,* 177–184

Anderson KN, Lind JN, Simeone RM, Bobo WV, Mitchell AA, Riehle-Colarusso T, Polen KN & Reefhuis J (2020) Maternal Use of Specific Antidepressant Medications During Early Pregnancy and the Risk of Selected Birth Defects. *JAMA Psychiatry 77(12):* 1246–1255

Andrade C (2018) Valproate in Pregnancy: Recent Research and Regulatory Responses. *J Clin Psychiatry, 79*

Andrade C (2021) Major Congenital Malformations Associated With Exposure to Second-Generation Antipsychotic Drugs During Pregnancy. *J Clin Psychiatry 82*

Andrade SE, Reichman ME, Mott K, Pitts M, Kieswetter C, Dinatale M, Stone MB, Popovic J, Haffenreffer K & Toh S (2016) Use of selective serotonin reuptake inhibitors (SSRIs) in women delivering liveborn infants and other women of child-bearing age within the US Food and Drug Administration's Mini-Sentinel program. *Arch Womens Ment Health, 19,* 969–977

Ashton H (1994) The treatment of benzodiazepine dependence. *Addiction, 89,* 1535–1541

Askaa B, Jimenez-Solem E, Enghusen Poulsen H & Traerup Andersen J (2014) Maternal Characteristics of Women Exposed to Hypnotic Benzodiazepine Receptor Agonist during Pregnancy. *Obstet Gynecol Int 2014,* 945621

Athar F, Ehsan M, Farooq M, Lo KB, Cheema HA, Ahmad S, Naveed A & Umer M (2022) Adverse fetal and neonatal outcomes following in-utero exposure to oxcarbazepine: A systematic review and meta-analysis. *Br J Clin Pharmacol, 88(8),* 3600–3609

Auerbach JG, Hans SL, Marcus J & Maeir S (1992) Maternal psychotropic medication and neonatal behavior. *Neurotoxicol Teratol, 14(6),* 399–406

Bais B, Molenaar NM, Bijma HH, Hoogendijk WJG, Mulder CL, Luik AI, Lambregtse-van den Berg MP & Kamperman AM (2020) Prevalence of benzodiazepines and benzodiazepine-related drugs exposure before, during and after pregnancy: A systematic review and meta-analysis. *J Affect Disord, 269,* 18–27

Barnas C, Bergant A, Hummer M, Saria A & Fleischhacker WW (1994) Clozapine concentrations in maternal and fetal plasma, amniotic fluid, and breast milk. *Am J Psychiatry, 151(6),* 945

Bellet F, Beyens MN, Bernard N, Beghin D, Elefant E & Vial T (2015) Exposure to aripiprazole during embryogenesis: a prospective multicenter cohort study. *Pharmacoepidemiol Drug Saf, 24,* 368–380

Bennett HA, Einarson A, Taddio A, Koren G & Einarson TR (2004) Prevalence of depression during pregnancy: systematic review. *Obstet Gynecol, 103(4),* 698—709

Berard A, Sheehy O, Zhao JP, Chambers C, Roth M, Bozzo P, Johnson D, Kao K, Lavigne S, Wolfe L, Quinn D, Dieter K & MotherToBaby Collaborative Research (2019) Impact of antidepressant use, discontinuation, and dosage modification on maternal depression during pregnancy. *Eur Neuropsychopharmacol, 29(7),* 803–812

Betcher HK, Montiel C & Clark CT (2019) Use of Antipsychotic Drugs During Pregnancy. *Curr Treat Options Psychiatry, 6(1),* 17–31

Bind RH, Biaggi A, Bairead A, Du Preez A, Hazelgrove K, Waites F, Conroy S, Dazzan P, Osborne S, Pawlby S, Sethna V & Pariante CM (2021) Mother-infant interaction in women with depression in pregnancy and in women with a history of depression: the Psychiatry Research and Motherhood – Depression (PRAM-D) study. *BJPsych Open, 7(3),* e100

Bjorn AM, Norgaard M, Hundborg HH, Nohr EA & Ehrenstein V (2011) Use of prescribed drugs among primiparous women: an 11-year population-based study in Denmark. *Clin Epidemiol 3:* 149–156

Blake LD, Lucas DN, Aziz K, Castello-Cortes A & Robinson PN (2008) Lithium toxicity and the parturient: case report and literature review. *Int J Obstet Anesth, 17(2),* 164–169

Boden R, Lundgren M, Brandt L, Reutfors J, Andersen M & Kieler H (2012) Risks of adverse pregnancy and birth outcomes in women treated or not treated with mood stabilisers for bipolar disorder: population based cohort study. *BMJ, 345,* e7085

Boden R, Lundgren M, Brandt L, Reutfors J & Kieler H (2012) Antipsychotics during pregnancy: relation to fetal and maternal metabolic effects. *Arch Gen Psychiatry, 69(7),* 715–721

Bonari L, Pinto N, Ahn E, Einarson A, Steiner M & Koren G (2004) Perinatal risks of untreated depression during pregnancy. *Can J Psychiatry, 49(11),* 726–735

Boyle B, Garne E, Loane M, Addor MC, Arriola L, Cavero-Carbonell C, Gatt M, Lelong N, Lynch C, Nelen V, Neville AJ, O'Mahony M, Pierini A, Rissmann A, Tucker D, Zymak-Zakutnia N & Dolk H (2017) The changing epidemiology of Ebstein's anomaly and its relationship with maternal mental health conditions: a European registry-based study. *Cardiol Young, 27(4),* 677–685

Broy P & Berard A (2010) Gestational exposure to antidepressants and the risk of spontaneous abortion: a review. *Curr Drug Deliv, 7(1),* 76–92

Brunner E, Falk DM, Jones M, Dey DK & Shatapathy CC (2013) Olanzapine in pregnancy and breastfeeding: a review of data from global safety surveillance. *BMC Pharmacol Toxicol, 14,* 38

Bulletins-Obstetrics AC o P (2008) ACOG Practice Bulletin: Clinical management guidelines for obstetrician-gynecologists number 92, April 2008 (replaces practice bulletin number 87, November 2007) Use of psychiatric medications during pregnancy and lactation. *Obstet Gynecol, 111(4),* 1001–1020

Camsari U, Viguera AC, Ralston L, Baldessarini RJ & Cohen LS (2014) Prevalence of atypical antipsychotic use in psychiatric outpatients: comparison of women of childbearing age with men. *Arch Womens Ment Health, 17(6),* 583–586

Ceulemans M, Foulon V, Ngo E, Panchaud A, Winterfeld U, Pomar L, Lambelet V, Cleary B, O'Shaughnessy F, Passier A, Richardson JL, Hompes T & Nordeng H (2021) Mental health status of pregnant and breastfeeding women during the COVID-19 pandemic-A multinational cross-sectional study. *Acta Obstet Gynecol Scand, 100(7),* 1219–1229

Cohen LS, Viguera AC, McInerney KA, Freeman MP, Sosinsky AZ, Moustafa D, Marfurt SP, Kwiatkowski MA, Murphy SK, Farrell AM, Chitayat D & Hernandez-Diaz S (2016) Reproductive Safety of Second-Generation Antipsychotics: Current Data From the Massachusetts General Hospital National Pregnancy Registry for Atypical Antipsychotics. *Am J Psychiatry, 173(3),* 263–270

Connoley G & Menahem S (1990) A possible association between neonatal jaundice and long-term maternal lithium ingestion. *Med J Aust, 152(5),* 272–273

Cooper WO, Willy ME, Pont SJ & Ray WA (2007) Increasing use of antidepressants in pregnancy. *Am J Obstet Gynecol, 196(6),* 544 e541–545

Copp AJ, Adzick NS, Chitty LS, Fletcher JM, Holmbeck GN & Shaw GM (2015) Spina bifida. *Nat Rev Dis Primers, 1,* 15007

Coppola D, Russo LJ, Kwarta Jr RF, Varughese R & Schmider J (2007) Evaluating the postmarketing experience of risperidone use during pregnancy: pregnancy and neonatal outcomes. *Drug Saf, 30(3),* 247–264

Dabbert D & Heinze M (2006) Follow-up of a pregnancy with risperidone microspheres. *Pharmacopsychiatry, 39(6),* 235

Dazzan P (2021) Schizophrenia during pregnancy. *Curr Opin Psychiatry, 34(3),* 238–244

Deiana V, Chillotti C, Manchia M, Carta P, Bocchetta A, Ardau R & Del Zompo M (2014) Continuation versus discontinuation of lithium during pregnancy: a retrospective case series. *J Clin Psychopharmacol, 34(3),* 407–410

Dev V & Krupp P (1995) The side effects and safety of clozapine. *Rev Contemp Pharmacother, 6(2),* 197–208

Di Michele V, Ramenghi L & Sabatino G (1996) Clozapine and lorazepam administration in pregnancy. *Eur Psychiatry, 11,* 214

Diav-Citrin O, Shechtman S, Ornoy S, Arnon J, Schaefer C, Garbis H, Clementi M & Ornoy A (2005) Safety of haloperidol and penfluridol in pregnancy: a multicenter, prospective, controlled study. *J Clin Psychiatry, 66,* 317–322

Diav-Citrin O, Shechtman S, Tahover E, Finkel-Pekarsky V, Arnon J, Kennedy D, Erebara A, Einarson A & Ornoy A (2014) Pregnancy outcome following in utero exposure to lithium: a prospective, comparative, observational study. *Am J Psychiatry, 171(7),* 785–794

Donoghue J & Lader M (2010) Usage of benzodiazepines: A review. *Int J Psychiatry Clin Pract, 14,* 78–87

Duran, A, M M Ugur, S Turan and M Emul (2008) Clozapine use in two women with schizophrenia during pregnancy. *J Psychopharmacol, 22(1),* 111–113

Easey KE & Sharp GC (2021) The impact of paternal alcohol, tobacco, caffeine use and physical activity on offspring mental health: a systematic review and meta-analysis. *Reprod Health, 18,* 214

Einarson A & Boskovic R (2009) Use and safety of antipsychotic drugs during pregnancy. *J Psychiatr Pract, 15,* 183–192

Ellfolk M, Leinonen MK, Gissler M, Kiuru-Kuhlefelt S, Saastamoinen L & Malm H (2021) Second-generation antipsychotic use during pregnancy and risk of congenital malformations. *Eur J Clin Pharmacol, 77,* 1737–1745

Enato E, Moretti M & Koren G (2011) The fetal safety of benzodiazepines: an updated meta-analysis. *J Obstet Gynaecol Can, 33,* 46–48

Ennis ZN & Damkier P (2015) Pregnancy exposure to olanzapine, quetiapine, risperidone, aripiprazole and risk of congenital malformations A systematic review. *Basic Clin Pharmacol Toxicol, 116,* 315–320

Ewing G, Tatarchuk Y, Appleby D, Schwartz N & Kim D (2015) Placental transfer of antidepressant medications: implications for postnatal adaptation syndrome. *Clin Pharmacokinet, 54,* 359–370

Flaherty B & Krenzelok EP (1997) Neonatal lithium toxicity as a result of maternal toxicity. *Vet Hum Toxicol, 39,* 92–93

Flynn HA & Chermack ST (2008) Prenatal alcohol use: the role of lifetime problems with alcohol, drugs, depression, and violence. *J Stud Alcohol Drug, 69,* 500–509

Forsberg L, Adler M, Romer Ek I, Ljungdahl M, Naver L, Gustafsson LL, Berglund G, Chotigasatien A, Hammar U, Bohm B & Wide K (2018) Maternal mood disorders and lithium exposure in utero were not associated with poor cognitive development during childhood. *Acta Paediatr, 107,* 1379–1388

Frassetto F, Tourneur Martel F, Barjhoux CE, Villier C, Bot BL & Vincent F (2002) Goiter in a newborn exposed to lithium in utero. *Ann Pharmacother, 36,* 1745–1748

Frayne J, Nguyen T, Bennett K, Allen S, Hauck Y & Liira H (2017) The effects of gestational use of antidepressants and antipsychotics on neonatal outcomes for women with severe mental illness. *Aust N Z J Obstet Gynaecol, 57,* 526–532

Freeman MP, Goez-Mogollon L, McInerney KA, Davies AC, Church TR, Sosinsky AZ, Noe OB, Viguera AC & Cohen LS (2018) Obstetrical and neonatal outcomes after benzodiazepine exposure during pregnancy: Results from a prospective registry of women with psychiatric disorders. *Gen Hosp Psychiatry, 53,* 73–79

Furu K, Kieler H, Haglund B, Engeland A, Selmer R, Stephansson O, Valdimarsdottir UA, Zoega H, Artama M, Gissler M, Malm H & Norgaard M (2015) Selective serotonin reuptake inhibitors and venlafaxine in early pregnancy and risk of birth defects: population based cohort study and sibling design. *BMJ, 350,* h1798

Gaebel W (2005) *Behandlungsleitlinie Schizophrenie.* Berlin, Heidelberg: Springer Science & Business Media

Galbally M, Frayne J, Watson SJ, Morgan V & Snellen M (2020) The association between gestational diabetes mellitus, antipsychotics and severe mental illness in pregnancy: A multicentre study. *Aust N Z J Obstet Gynaecol, 60,* 63–69

Galbally M, Frayne J, Watson SJ & Snellen M (2018) Aripiprazole and pregnancy: A retrospective, multicentre study. *J Affect Disord, 238,* 593–596

Galbally, M, Snellen M, Walker S & Permezel M (2010) Management of antipsychotic and mood stabilizer medication in pregnancy: recommendations for antenatal care. *Aust N Z J Psychiatry, 44,* 99–108

Gao SY, Wu QJ, Zhang TN, Shen ZQ, Liu CX, Xu X, Ji C & Zhao YH (2017) Fluoxetine and congenital malformations: a systematic review and meta-analysis of cohort studies. *Br J Clin Pharmacol, 83,* 2134–2147

Gentile S (2014) Pregnancy exposure to second-generation antipsychotics and the risk of gestational diabetes. *Expert Opin Drug Saf, 13,* 1583–1590

Gentile S & Fusco ML (2017) Untreated perinatal paternal depression: Effects on offspring. *Psychiatry Res, 252,* 325–332

Gouin K, Murphy K, Shah PS, Knowledge Synthesis group on Determinants of Low Birth and Preterm Births (2011) Effects of cocaine use during pregnancy on low birthweight and preterm birth: systematic review and metaanalyses. *Am J Obstet Gynecol, 204,* 340 e341–312

Graham RK, Tavella G & Parker GB (2018) Is there consensus across international evidence-based guidelines for the psychotropic drug management of bipolar disorder during the perinatal period? *J Affect Disord, 228,* 216–221

Grandjean EM & Aubry JM (2009) Lithium: updated human knowledge using an evidence-based approach: part III: clinical safety. *CNS Drugs, 23,* 397–418

Habermann F, Fritzsche J, Fuhlbruck F, Wacker E, Allignol A, Weber-Schoendorfer C, Meister R & Schaefer C (2013) Atypical antipsychotic drugs and pregnancy outcome: a prospective, cohort study. *J Clin Psychopharmacol, 33,* 453–462

Hasan A, Falkai P, Wobrock T, Lieberman J, Glenthoj B, Gattaz WF, Thibaut F, Moller HJ & WFSBP Task Force on Treatment Guidelines for Schizophrenia (2015) World Federation of Societies of Biological Psychiatry (WFSBP) Guidelines for Biological Treatment of Schizophrenia Part 3: Update 2015 Management of special circumstances: Depression, Suicidality, substance use disorders and pregnancy and lactation. *World J Biol Psychiatry, 16,* 142–170

Hayatbakhsh MR, Najman JM, Khatun M, Al Mamun A, Bor W & Clavarino A (2011) A longitudinal study of child mental health and problem behaviours at 14 years of age following unplanned pregnancy. *Psychiatry Res, 185,* 200–204

Heinonen, E, L Forsberg, U Norby, K Wide and K Kallen (2022) Antipsychotic Use During Pregnancy and Risk for Gestational Diabetes: A National Register-Based Cohort Study in Sweden. *CNS Drugs 36:* 529–539

Horton S, Tuerk A, Cook D, Cook J & Dhurjati P (2012) Maximum Recommended Dosage of Lithium for Pregnant Women Based on a PBPK Model for Lithium Absorption. *Adv Bioinformatics, 2012,* 352729

Hosseini, SH, Mousavi SA & Rashidi H (2010) Congenital diaphragmatic hernia following usage of lithium carbonate; is lithium a teratogen? *Iran J Pediatr, 20,* 127–130

Hurault-Delarue C, Damase-Michel C, Finotto L, Guitard C, Vayssiere C, Montastruc JL, Montastruc F & Lacroix I (2016) Psychomotor developmental effects of prenatal exposure to psychotropic drugs: a study in EFEMERIS database. *Fundam Clin Pharmacol, 30,* 476–482

Huybrechts, KF, Hernandez-Diaz S, Patorno E, Desai RJ, Mogun H, Dejene SZ, Cohen JM, Panchaud A, Cohen L & Bateman BT (2016) Antipsychotic Use in Pregnancy and the Risk for Congenital Malformations. *JAMA Psychiatry, 73,* 938–946

Huybrechts KF, Palmsten K, Avorn J, Cohen LS, Holmes LB, Franklin JM, Mogun H, Levin R, Kowal M, Setoguchi S & Hernandez-Diaz S (2014) Antidepressant use in pregnancy and the risk of cardiac defects. *N Engl J Med, 370*, 2397–2407

Ifteni P, Moga MA, Burtea V & Correll CU (2014) Schizophrenia relapse after stopping olanzapine treatment during pregnancy: a case report. *Ther Clin Risk Manag, 10*, 901–904

Jablensky AV, Morgan V, Zubrick SR, Bower C & Yellachich LA (2005) Pregnancy, delivery, and neonatal complications in a population cohort of women with schizophrenia and major affective disorders. *Am J Psychiatry, 162*, 79–91

Jacobson SJ, Jones K, Johnson K, Ceolin L, Kaur P, Sahn D, Donnenfeld AE, Rieder M, Santelli R, Smythe J et al. (1992) Prospective multicentre study of pregnancy outcome after lithium exposure during first trimester. *Lancet, 339*, 530–533

Jimenez-Solem E, Andersen JT, Petersen M, Broedbaek K, Andersen NL, Torp-Pedersen C & Poulsen HE (2013) Prevalence of antidepressant use during pregnancy in Denmark, a nation-wide cohort study. *PLoS One, 8*, e63034

Johnson KC, LaPrairie JL, Brennan PA, Stowe ZN & Newport DJ (2012) Prenatal antipsychotic exposure and neuromotor performance during infancy. *Arch Gen Psychiatry, 69*, 787–794

Judge-Golden CP, Borrero S, Zhao X, Mor MK & Callegari LS (2018) The Association between Mental Health Disorders and History of Unintended Pregnancy among Women Veterans. *J Gen Intern Med, 33*, 2092–2099

Kallen B (2004) Neonate characteristics after maternal use of antidepressants in late pregnancy. *Arch Pediatr Adolesc Med, 158*, 312–316

Kanto JH (1982) Use of benzodiazepines during pregnancy, labour and lactation, with particular reference to pharmacokinetic considerations. *Drugs, 23*, 354–380

Karanam A, Pennell PB, French JA, Harden CL, Allien S, Lau C, Barnard S, Callisto SP & Birnbaum AK (2018) Lamotrigine clearance increases by 5 weeks gestational age: Relationship to estradiol concentrations and gestational age. *Ann Neurol, 84*, 556–563

Khalifeh H, Hunt IM, Appleby L & Howard LM (2016) Suicide in perinatal and non-perinatal women in contact with psychiatric services: 15 year findings from a UK national inquiry. *Lancet Psychiatry, 3*, 233–242

Kim SW, Kim KM, Kim JM, Shin IS, Shin HY, Yang SJ & Yoon JS (2007) Use of long-acting injectable risperidone before and throughout pregnancy in schizophrenia. *Prog Neuropsychopharmacol. Biol Psychiatry, 31*, 543–545

Kittel-Schneider S, Felice E, Buhagiar R, Lambregtse-van den Berg M, Wilson CA, Banjac Baljak V, Vujovic KS, Medic B, Opankovic A, Fonseca A & Lupattelli A (2022) Treatment of Peripartum Depression with Antidepressants and Other Psychotropic Medications: A Synthesis of Clinical Practice Guidelines in Europe. *Int J Environ Res Public Health, 19*

Kopelman AE (1975) Limb Malformations Following Maternal Use of Haloperidol. *JAMA: The Journal of the American Medical Association, 231*

Kozma C (2005) Neonatal toxicity and transient neurodevelopmental deficits following prenatal exposure to lithium: Another clinical report and a review of the literature. *Am J Med Genet A, 132 A*, 441–444

Kranzler HR, Washio Y, Zindel LR, Wileyto EP, Srinivas S, Hand DJ, Hoffman M, Oncken C & Schnoll RA (2021) Placebo-controlled trial of bupropion for smoking cessation in pregnant women. *Am J Obstet Gynecol MFM, 3*, 100315

Kuenssberg EV & Knox JD (1972) Imipramine in pregnancy. *Br Med J, 2*, 292

Kulkarni J, Worsley R, Gilbert H, Gavrilidis E, Van Rheenen TE, Wang W, McCauley K & Fitzgerald P (2014) A prospective cohort study of antipsychotic medications in pregnancy: the first 147 pregnancies and 100 one year old babies. *PLoS One 9*, e94788

Laegreid L, Olegard R, Conradi N, Hagberg G, Wahlstrom J & Abrahamsson L (1990) Congenital malformations and maternal consumption of benzodiazepines: a case-control study. *Dev Med Child Neurol, 32*, 432–441

Lin HC, Chen IJ, Chen YH, Lee HC & Wu FJ (2010) Maternal schizophrenia and pregnancy outcome: does the use of antipsychotics make a difference? *Schizophr Res, 116*, 55–60

Lint D (2011) Antidepressants and spontaneous abortion. *CMAJ, 183*, 1283

Martin CE, Mak C, Miller C, Welsh C & Terplan M (2015) Trends in Drug-exposed Deliveries From 2002 to 2009. *Addictive Disorders & Their Treatment, 14*, 61–69

Masarwa R, Bar-Oz B, Gorelik E, Reif S, Perlman A & Matok I (2019) Prenatal exposure to selective serotonin reuptake inhibitors and serotonin norepinephrine reuptake inhibitors and risk for persistent pulmonary hypertension of the newborn: a systematic review, meta-analysis, and network meta-analysis. *Am J Obstet Gynecol*, 220, 57 e51–57 e13

Mate A, Reyes-Goya C, Santana-Garrido A & Vazquez CM (2021) Lifestyle, Maternal Nutrition and Healthy Pregnancy. *Curr Vasc Pharmacol*, 19, 132–140

Mathew S, Bichenapally S, Khachatryan V, Muazzam A, Hamal C, Velugoti L, Tabowei G, Gaddipati GN, Mukhtar M, Alzubaidee MJ, Dwarampudi RS & Alfonso M (2022) Role of Serotoninergic Antidepressants in the Development of Autism Spectrum Disorders: A Systematic Review. *Cureus*, 14, e28505

Mawer, G, Briggs M, Baker GA, Bromley R, Coyle H, Eatock J, Kerr L, Kini U, Kuzmyshcheva L, Lucas SB, Wyatt L, Clayton-Smith J & Liverpool and Manchester Neurodevelopment Group (2010) Pregnancy with epilepsy: obstetric and neonatal outcome of a controlled study. *Seizure*, 19, 112–119

McAllister-Williams RH, Baldwin DS, Cantwell R, Easter A, Gilvarry E, Glover V, Green L, Gregoire A, Howard LM, Jones I, Khalifeh H, Lingford-Hughes A, McDonald E, Micali N, Pariante CM, Peters L, Roberts A, Smith NC, Taylor D, Wieck A, Yates LM, Young AH, endorsed by the British Association for Psychopharmacology (2017) British Association for Psychopharmacology consensus guidance on the use of psychotropic medication preconception, in pregnancy and postpartum 2017. *J Psychopharmacol*, 31, 519–552

McKenna K, Koren G, Tetelbaum M, Wilton L, Shakir S, Diav-Citrin O, Levinson A, Zipursky RB & Einarson A (2005) Pregnancy outcome of women using atypical antipsychotic drugs: a prospective comparative study. *J Clin Psychiatry*, 66, 444–449

Miguel PM, Pereira LO, Silveira PP & Meaney MJ (2019) Early environmental influences on the development of children's brain structure and function. *Dev Med Child Neurol*, 61, 1127–1133

Mitchell AA, Gilboa SM, Werler MM, Kelley KE, Louik C, Hernandez-Diaz S & National Birth Defects Prevention Study (2011) Medication use during pregnancy, with particular focus on prescription drugs: 1976-2008. *Am J Obstet Gynecol*, 205, 51 e51–58

Molenaar NM, Bais B, Lambregtse-van den Berg MP, Mulder CL, Howell EA, Fox NS, Rommel AS, Bergink V & Kamperman AM (2020) The international prevalence of antidepressant use before, during, and after pregnancy: A systematic review and meta-analysis of timing, type of prescriptions and geographical variability. *J Affect Disord*, 264, 82–89

Molenaar NM, Lambregtse-van den Berg MP & Bonsel GJ (2020) Dispensing patterns of selective serotonin reuptake inhibitors before, during and after pregnancy: a 16-year population-based cohort study from the Netherlands. *Arch Womens Ment Health*, 23, 71–79

Montastruc F, Salvo F, Arnaud M, Begaud B & Pariente A (2016) Signal of Gastrointestinal Congenital Malformations with Antipsychotics After Minimising Competition Bias: A Disproportionality Analysis Using Data from Vigibase((R)). *Drug Saf*, 39, 689–696

Morrell P, Sutherland GR, Buamah PK, Oo M & Bain HH (1983) Lithium toxicity in a neonate. *Arch Dis Child*, 58, 539–541

Munk-Olsen T, Liu X, Viktorin A, Brown HK, Di Florio A, D'Onofrio BM, Gomes T, Howard LM, Khalifeh H, Krohn H, Larsson H, Lichtenstein P, Taylor CL, Van Kamp I, Wesseloo R, Meltzer-Brody S, Vigod SN & Bergink V (2018) Maternal and infant outcomes associated with lithium use in pregnancy: an international collaborative meta-analysis of six cohort studies. *Lancet Psychiatry*, 5, 644–652

Muskens L, Boekhorst M, Kop WJ, van den Heuvel MI, Pop VJM & Beerthuizen A (2022) The association of unplanned pregnancy with perinatal depression: a longitudinal cohort study. *Arch Womens Ment Health*, 25, 611–620

Nakhai-Pour HR, Broy P & Berard A (2010) Use of antidepressants during pregnancy and the risk of spontaneous abortion. *CMAJ*, 182, 1031–1037

Nars PW & Girard J (1977) Lithium carbonate intake during pregnancy leading to large goiter in a premature infant. *Am J Dis Child*, 131, 924–925

National Collaborating Centre for Mental Health (UK) (2014) *Bipolar Disorder: The NICE Guideline on the Assessment and Management of Bipolar Disorder in Adults, Children and Young People in Primary and Secondary Care*. London

Nelson J & Chouinard G (1999) Guidelines for the clinical use of benzodiazepines: pharmacokinetics, dependency, rebound and withdrawal Canadian Society for Clinical Pharmacology. *Can J Clin Pharmacol, 6,* 69–83

Newham JJ, Thomas SH, MacRitchie K, McElhatton PR & McAllister-Williams RH (2008) Birth weight of infants after maternal exposure to typical and atypical antipsychotics: prospective comparison study. *Br J Psychiatry, 192,* 333–337

Newport DJ, Viguera AC, Beach AJ, Ritchie JC, Cohen LS & Stowe ZN (2005) Lithium placental passage and obstetrical outcome: implications for clinical management during late pregnancy. *Am J Psychiatry, 162,* 2162–2170

O'Sullivan DL, Byatt N & Dossett EC (2022) Long-Acting Injectable Antipsychotic Medications in Pregnancy: A Review. *J Acad Consult Liaison Psychiatry, 63,* 53–60

Ogawa Y, Takeshima N & Furukawa TA (2018) Maternal exposure to benzodiazepine and risk of preterm birth and low birth weight: A case-control study using a claims database in Japan. *Asia Pac Psychiatry, 10(3),* e12309

Ohman, I, Vitols S & Tomson T (2000) Lamotrigine in pregnancy: pharmacokinetics during delivery, in the neonate, and during lactation. *Epilepsia, 41,* 709–713

Okun ML, Ebert R & Saini B (2015) A review of sleep-promoting medications used in pregnancy. *Am J Obstet Gynecol, 212,* 428–441

Olfson M, King M & Schoenbaum M (2015) Antipsychotic treatment of adults in the United States. *J Clin Psychiatry, 76,* 1346–1353

Onken M, Mick I & Schaefer C (2018) Paliperidone and pregnancy-an evaluation of the German Embryotox database. *Arch Womens Ment Health, 21(6),* 657–662

Ornoy A (2009) Valproic acid in pregnancy: how much are we endangering the embryo and fetus? *Reprod Toxicol, 28,* 1–10

Ornoy A, Weinstein-Fudim L & Ergaz Z (2017) Antidepressants, Antipsychotics, and Mood Stabilizers in Pregnancy: What Do We Know and How Should We Treat Pregnant Women with Depression. *Birth Defects Res, 109,* 933–956

Oruch R, Elderbi MA, Khattab HA, Pryme IF & Lund A (2014) Lithium: a review of pharmacology, clinical uses, and toxicity. *Eur J Pharmacol, 740,* 464–473

Ozdemir AK, Pak SC, Canan F, Gecici O, Kuloglu M & Gucer MK (2015) Paliperidone palmitate use in pregnancy in a woman with schizophrenia. *Arch Womens Ment Health, 18,* 739–740

Panchaud A, Hernandez-Diaz S, Freeman MP, Viguera AC, MacDonald SC, Sosinsky AZ & Cohen LS (2017) Use of atypical antipsychotics in pregnancy and maternal gestational diabetes. *J Psychiatr Res, 95,* 84–90

Park Y, Huybrechts KF, Cohen JM, Bateman BT, Desai RJ, Patorno E, Mogun H, Cohen LS & Hernandez-Diaz S (2017) Antipsychotic Medication Use Among Publicly Insured Pregnant Women in the United States. *Psychiatr Serv, 68,* 1112–1119

Patorno E, Bateman BT, Huybrechts KF, MacDonald SC, Cohen JM, Desai RJ, Panchaud A, Mogun H, Pennell PB & Hernandez-Diaz S (2017) Pregabalin use early in pregnancy and the risk of major congenital malformations. *Neurology, 88,* 2020–2025

Patorno E, Huybrechts KF, Bateman BT, Cohen JM, Desai RJ, Mogun H, Cohen LS & Hernandez-Diaz S (2017) Lithium Use in Pregnancy and the Risk of Cardiac Malformations. *N Engl J Med, 376,* 2245–2254

Peng M, Gao K, Ding Y, Ou J, Calabrese JR, Wu R & Zhao J (2013) Effects of prenatal exposure to atypical antipsychotics on postnatal development and growth of infants: a case-controlled, prospective study. *Psychopharmacology (Berl), 228,* 577–584

Petersen I, McCrea RL, Osborn DJ, Evans S, Pinfold V, Cowen PJ, Gilbert R & Nazareth I (2014) Discontinuation of antipsychotic medication in pregnancy: a cohort study. *Schizophr Res, 159,* 218–225

Petersen I, Sammon CJ, McCrea RL, Osborn DPJ, Evans SJ, Cowen PJ & Nazareth I (2016) Risks associated with antipsychotic treatment in pregnancy: Comparative cohort studies based on electronic health records. *Schizophr Res, 176,* 349–356

Petrenaite V, Sabers A & Hansen-Schwartz J (2005) Individual changes in lamotrigine plasma concentrations during pregnancy. *Epilepsy Res, 65,* 185–188

Pinelli JM, Symington AJ, Cunningham KA & Paes BA (2002) Case report and review of the perinatal implications of maternal lithium use. *Am J Obstet Gynecol, 187,* 245–249

Polepally AR, Pennell PB, Brundage RC, Stowe ZN, Newport DJ, Viguera AC, Ritchie JC & Birnbaum AK (2014) Model-Based Lamotrigine Clearance Changes during Pregnancy: Clinical Implication. *Ann Clin Transl Neurol, 1,* 99–106

Rampono J, Simmer K, Ilett KF, Hackett LP, Doherty DA, Elliot R, Kok CH, Coenen A & Forman T (2009) Placental transfer of SSRI and SNRI antidepressants and effects on the neonate. *Pharmacopsychiatry, 42,* 95–100

Ratnayake T & Libretto SE (2002) No complications with risperidone treatment before and throughout pregnancy and during the nursing period. *J Clin Psychiatry, 63(1),* 76–77

Reis M & Kallen B (2008) Maternal use of antipsychotics in early pregnancy and delivery outcome. *J Clin Psychopharmacol, 28,* 279–288

Riska BS, Skurtveit S, Furu K, Engeland A & Handal M (2014) Dispensing of benzodiazepines and benzodiazepine-related drugs to pregnant women: a population-based cohort study. *Eur J Clin Pharmacol, 70,* 1367–1374

Robinson GE (2012) Treatment of schizophrenia in pregnancy and postpartum. *J Popul Ther Clin Pharmacol, 19,* e380–386

Rodriguez-Salgado B (2008) Risperidone safety in pregnancy A case report. *Actas Esp Psiquiatr, 36,* 366–368

Romaine E & McAllister-Williams RH (2019) Guidelines on prescribing psychotropic medication during the perinatal period. *Br J Hosp Med, 80,* 27–32

Safra MJ & Oakley GP Jr (1975) Association between cleft lip with or without cleft palate and prenatal exposure to diazepam. *Lancet, 2,* 478–480

Sakai T, Ohtsu F, Mori C, Tanabe K & Goto N (2017) Signal of Miscarriage with Aripiprazole: A Disproportionality Analysis of the Japanese Adverse Drug Event Report. Database. *Drug Saf, 40,* 1141–1146

Schou M (1976) What happened later to the lithium babies? A follow-up study of children born without malformations. *Acta Psychiatr Scand, 54,* 193–197

Shao P, Ou J, Peng M, Zhao J, Chen J & Wu R (2015) Effects of Clozapine and other Atypical Antipsychotics on Infants Development Who Were Exposed to as Fetus: A Post-Hoc Analysis. *PLoS One, 10,* e0123373

Sheehy O, Zhao JP & Berard A (2019) Association Between Incident Exposure to Benzodiazepines in Early Pregnancy and Risk of Spontaneous Abortion. *JAMA Psychiatry, 76,* 948–957

Shyken JM, Babbar S, Babbar S & Forinash A (2019) Benzodiazepines in Pregnancy. *Clin Obstet Gynecol, 62,* 156–167

Sim M (1972) Imipramine and pregnancy. *Br Med J, 2,* 45

Singh LK, Nizamie SH, Akhtar S & Praharaj SK (2011) Improving tolerability of lithium with a once-daily dosing schedule. *Am J Ther, 18,* 288–291

Slomian J, Honvo G, Emonts P, Reginster JY & Bruyere O (2019) Consequences of maternal postpartum depression: A systematic review of maternal and infant outcomes. *Womens Health, 15,* 1745506519844044

Smolina K, Hanley GE, Mintzes B, Oberlander TF & Morgan S (2015) Trends and Determinants of Prescription Drug Use during Pregnancy and Postpartum in British Columbia, 2002–2011: A Population-Based Cohort Study. *PLoS One, 10,* e0128312

Sorensen MJ, Kjaersgaard MI, Pedersen HS, Vestergaard M, Christensen J, Olsen J, Partner E, Pedersen LH & Bech BH (2015) Risk of Fetal Death after Treatment with Antipsychotic Medications during Pregnancy. *PLoS One, 10,* e0132280

Sreeraj VS & Venkatasubramanian G (2016) Safety of clozapine in a woman with triplet pregnancy: A case report. *Asian J Psychiatry, 22,* 67–68

Stoner SC, Sommi RW Jr, Marken PA, Anya I & Vaughn J (1997) Clozapine use in two full-term pregnancies. *J Clin Psychiatry, 58,* 364–365

Stothers JK, Wilson DW & Royston N (1973) Lithium toxicity in the newborn. *Br Med J, 3,* 233–234

Tharp MA, Silvola RM, Marks C, Teal E, Quinney SK & Haas DM (2022) Does lack of exposure to individual antidepressants at different points during pregnancy associate with reduced risk of adverse newborn outcomes? *BMC Pregnancy Childbirth, 22,* 926

Thomson M & Sharma V (2018) Weighing the Risks: the Management of Bipolar Disorder During Pregnancy. *Curr Psychiatry Rep, 20,* 20

Toh S, Li Q, Cheetham TC, Cooper WO, Davis RL, Dublin S, Hammad TA, Li DK, Pawloski PA, Pinheiro SP, Raebel MA, Scott PE, Smith DH, Bobo WV, Lawrence JM, Dashevsky I, Haffenreffer K, Avalos LA & Andrade SE (2013) Prevalence and trends in the use of antipsychotic medications during pregnancy in the US, 2001–2007: a population-based study of 585,615 deliveries. *Arch Womens Ment Health, 16,* 149–157

Tomson T, Battino D, Bonizzoni E, Craig J, Lindhout D, Perucca E, Sabers A, Thomas SV, Vajda F & EURAP Study Group (2018) Comparative risk of major congenital malformations with eight different antiepileptic drugs: a prospective cohort study of the EURAP registry. *Lancet Neurol, 17,* 530–538

Tomson T, Battino D, Bonizzoni E, Craig J, Lindhout D, Sabers A, Perucca E, Vajda F & EURAP Study Group (2011) Dose-dependent risk of malformations with antiepileptic drugs: an analysis of data from the EURAP epilepsy and pregnancy registry. *Lancet Neurol, 10,* 609–617

Tran TA, Leppik IE, Blesi K, Sathanandan ST & Remmel R (2002) Lamotrigine clearance during pregnancy. *Neurology, 59,* 251–255

Tuovinen S, Lahti-Pulkkinen M, Girchenko P, Lipsanen J, Lahti J, Heinonen K, Reynolds RM, Hamalainen E, Kajantie E, Laivuori H, Pesonen AK, Villa PM & Raikkonen K (2018) Maternal depressive symptoms during and after pregnancy and child developmental milestones. *Depress Anxiety, 35,* 732–741

van Bendegem M, Daemen P, Daggenvoorde T, Daniels M, Dols A & Hoogelander A (2015) *Multidisciplinaire richtlijn bipolaire stoornissen.* Utrecht: De Tijdstroom

van den Bergh BRH, Dahnke R & Mennes M (2018) Prenatal stress and the developing brain: Risks for neurodevelopmental disorders. *Dev Psychopathol, 30,* 743–762

van der Lugt NM, van de Maat JS, van Kamp IL, Knoppert-van der Klein EA, Hovens JG & Walther FJ (2012) Fetal, neonatal and developmental outcomes of lithium-exposed pregnancies. *Early Hum Dev, 88,* 375–378

Van Waes A & Van d V E (2013) Safety Evaluation of Haloperidol in the Treatment of Hyperemesis Gravidarum. *The Journal of Clinical Pharmacology and The Journal of New Drugs, 9,* 224–227

Veroniki AA, Cogo E, Rios P, Straus SE, Finkelstein Y, Kealey R, Reynen E, Soobiah C, Thavorn K, Hutton B, Hemmelgarn BR, Yazdi F, D'Souza J, MacDonald H & Tricco AC (2017) Comparative safety of anti-epileptic drugs during pregnancy: a systematic review and network meta-analysis of congenital malformations and prenatal outcomes. *BMC Med, 15,* 95

Vigod SN, Gomes T, Wilton AS, Taylor VH & Ray JG (2015) Antipsychotic drug use in pregnancy: high dimensional, propensity matched, population based cohort study. *BMJ, 350,* h2298

Viguera AC, Cohen LS, Baldessarini RJ & Nonacs R (2002) Managing bipolar disorder during pregnancy: weighing the risks and benefits. *Can J Psychiatry, 47,* 426–436

Viguera AC, Nonacs R, Cohen LS, Tondo L, Murray A & Baldessarini RJ (2000) Risk of recurrence of bipolar disorder in pregnant and nonpregnant women after discontinuing lithium maintenance. *Am J Psychiatry, 157,* 179–184

Vossler DG (2019) Comparative Risk of Major Congenital Malformations With 8 Different Antiepileptic Drugs: A Prospective Cohort Study of the EURAP Registry. *Epilepsy Curr, 19,* 83–85

Wang Z, Chan AYL, Coghill D, Ip P, Lau WCY, Simonoff E, Brauer R, Wei L, Wong ICK & Man KKC (2021) Association Between Prenatal Exposure to Antipsychotics and Attention-Deficit/Hyperactivity Disorder, Autism Spectrum Disorder, Preterm Birth, and Small for Gestational Age. *JAMA Intern Med, 181,* 1332–1340

Warburton W, Hertzman C & Oberlander TF (2010) A register study of the impact of stopping third trimester selective serotonin reuptake inhibitor exposure on neonatal health. *Acta Psychiatr Scand, 121,* 471–479

Wesseloo R, Wierdsma AI, van Kamp IL, Munk-Olsen T, Hoogendijk WJG, Kushner SA & Bergink V (2017) Lithium dosing strategies during pregnancy and the postpartum period. *Br J Psychiatry*, 211, 31–36

Westin AA, Brekke M, Molden E, Skogvoll E, Aadal M & Spigset O (2017) Changes in drug disposition of lithium during pregnancy: a retrospective observational study of patient data from two routine therapeutic drug monitoring services in Norway. *BMJ Open*, 7, e015738

Wibroe MA, Mathiasen R, Pagsberg AK & Uldall P (2017) Risk of impaired cognition after prenatal exposure to psychotropic drugs. *Acta Psychiatr Scand*, 136, 177–187

Wichman CL (2009) Atypical antipsychotic use in pregnancy: a retrospective review. *Arch Womens Ment Health*, 12, 53–57

Wikipedia (2024) *Rote-Hand-Brief.* Abrufbar unter: https://de.wikipedia.org/w/index.php?title=Rote-Hand-Brief&oldid=228154967

Wilbanks GD, Bressler B, Peete CH Jr, Cherny WB & London WL (1970) Toxic effects of lithium carbonate in a mother and newborn infant. *JAMA*, 213, 865–867

Winterfeld U, Merlob P, Baud D, Rousson V, Panchaud A, Rothuizen LE, Bernard N, Vial T, Yates LM, Pistelli A, Ellfolk M, Eleftheriou G, de Vries LC, Jonville-Bera AP, Kadioglu M, Biollaz J & Buclin T (2016) Pregnancy outcome following maternal exposure to pregabalin may call for concern. *Neurology*, 86, 2251–2257

Woody JN, London WL & Wilbanks GD Jr (1971) Lithium toxicity in a newborn. *Pediatrics*, 47, 94–96

Xing D, Wu R, Chen L & Wang T (2020) Maternal use of antidepressants during pregnancy and risks for adverse perinatal outcomes: a meta-analysis. *J Psychosom Res*, 137, 110231

Yogev Y, Ben-Haroush A & Kaplan B (2002) Maternal clozapine treatment and decreased fetal heart rate variability. *Int J Gynaecol Obstet*, 79, 259–260

Yonkers KA, Gilstad-Hayden K, Forray A & Lipkind HS (2017) Association of Panic Disorder, Generalized Anxiety Disorder, and Benzodiazepine Treatment During Pregnancy With Risk of Adverse Birth Outcomes. *JAMA Psychiatry*, 74, 1145–1152

Zamora Rodriguez FJ, Benitez Vega C, Sanchez-Waisen Hernandez MR, Guisado Macias JA & Vaz Leal FJ (2017) Use of Paliperidone Palmitate Throughout a Schizoaffective Disorder Patient's Gestation Period. *Pharmacopsychiatry*, 50, 38–40

Zoega H, Kieler H, Norgaard M, Furu K, Valdimarsdottir U, Brandt L & Haglund B (2015) Use of SSRI and SNRI Antidepressants during Pregnancy: A Population-Based Study from Denmark, Iceland, Norway and Sweden. *PLoS One*, 10, e0144474

II Spezielle Herausforderungen bei einzelnen Diagnosen

3 Essen ist etwas Wunderbares – meistens

Gabriella Milos und Anja Weiss-Breckwoldt

3.1 Einführung

In dem Spannungsfeld zwischen gesellschaftlichen Schlankheitsidealen und überwältigenden, allseits verfügbaren Essensangeboten haben sich Essstörungen (ES) zu einem häufigen psychischen Krankheitsfeld entwickelt. Die zu geringe oder zu hohe Nahrungsaufnahme ist für Betroffene wie für ihr soziales Umfeld meist mit einem erheblichen Leidensdruck verbunden. Zeitnahes Erkennen und eine spezifische Behandlung sind für Verlauf und Prognose entscheidend.

Von Geburt an verflechten sich bei der Nahrungsaufnahme physiologische und psychologische Bedürfnisse auf komplexe Weise. Grundbedürfnisse wie Schutz, Versorgung und soziale Bindungserfahrungen sind damit verbunden. Mit Essen kann man sich beruhigen und trösten, durch Regulierung und Hungern ein Gefühl von Stärke, Kontrolle und Identität entwickeln, mit Erbrechen können überflutende Gefühlszustände entlastet werden.

Die höchste Inzidenz von ES liegt zwischen 12 und 25 Jahren, einem Alter, in dem zentrale körperliche wie seelische Entwicklungsschritte anstehen. Immense neurobiologische und endokrinologische Prozesse verändern Körperlichkeit, Interessen und Bedürfnisse sowie emotionales Erleben. Identitätsbildung, Autonomieentwicklung mit Loslösung von der Familie, Aufbau von Beziehungen und Partnerschaften sowie die Lebensplanung mit Ausbildungswahl und Eintritt in die Arbeitswelt stehen an.

Klassische Essstörungen (ES) treten überwiegend bei Frauen auf. Die Prävalenz aller ES in der Allgemeinbevölkerung liegt in industrialisierten Länder bei etwa 4 % (Galmiche et al., 2019; Mohler-Kuo et al., 2016). Leitsymptome der Hauptessstörungsdiagnosen sind in der Tabelle 3.1 zusammengefasst.

Tab. 3.1: Zusammenfassung der diagnostischen Kriterien der Hauptessstörungen (modifiziert nach Hay, 2020)

	Anorexia nervosa	Bulimia nervosa	Binge Eating Störung
Essen	Essrestriktion	oft keine geordnete Mahlzeitenstruktur	oft keine geordnete Mahlzeitenstruktur
Gewicht	Untergewicht	Normalgewicht	Normal- oder Übergewicht

Tab. 3.1: Zusammenfassung der diagnostischen Kriterien der Hauptessstörungen (modifiziert nach Hay, 2020) – Fortsetzung

	Anorexia nervosa	Bulimia nervosa	Binge Eating Störung
Körperwahrnehmungsstörung	oft Überschätzung der eigenen Körperform und Körpergewicht	Körperform und Körpergewicht sehr wichtig für eigenen Selbstwert	in der Regel nicht vorhanden
Essanfälle	können vorkommen	regelmäßig vorhanden	regelmäßig vorhanden
Kompensatorische Verhalten wie Erbrechen, Abführen, Fastenphasen	können vorkommen	regelmäßig vorhanden	selten vorhanden
Bewegung, Hyperkinese	oft vorhanden	kann vorkommen	selten vorhanden

Fallbeispiele

Vignette 1

Die 22-jährige Studentin mit depressivem Zusammenbruch wird von ihrer Mutter in die Hausarztpraxis gebracht. Sie hatte gerade die Nachricht erhalten, dass sie eine wichtige Abschlussprüfung nicht bestanden hatte. Üblicherweise sehr ehrgeizig, leistungsstark und mit hohen Selbstansprüchen war dies eine völlig neue Erfahrung in ihrem Leben. Sie hatte nun das Gefühl, als Person wertlos und eine Versagerin zu sein.

Als erster klinischer Eindruck fiel ein ausgesprochen niedriges Körpergewicht auf, welches mit einem Body Mass Index (BMI) von 15 kg/m2 objektiviert werden konnte. Die Haut war trocken, auf dem Gesicht der Ansatz einer flaumigen Behaarung zu erkennen, die Haare dünn. Körperlich unruhig und gedanklich abschweifend fiel es ihr schwer, im Dialog zu bleiben.

Sie habe große Angst vor der Prüfung gehabt, ein ganzes Jahr sehr viel dafür gelernt. Ihre Tage seien nach einem strengen System strukturiert gewesen, sie habe dabei wohl immer weniger gegessen. Im Hunger habe sie sich stärker gefühlt, weniger Ängste verspürt. Das Körpergefühl eines flachen leeren Bauches wirke beruhigend auf sie. Schon seit den körperlichen Veränderungen der Adoleszenz habe sie sehr auf gesunde Ernährung geachtet. Inzwischen esse sie gar keine Fette und Kohlehydrate mehr, am einfachsten sei es für sie, jeden Tag in etwa das gleiche zu sich zu nehmen. Als Ausgleich zum Lernen sei sie täglich etwa eine Stunde joggen gegangen. Ihre Eltern hätten ihren Gewichtsverlust bemerkt, ihre diesbezüglichen Sorgen und Bemerkungen seien ihr unangenehm gewesen. Sie habe sich deswegen immer mehr in ihr Zimmer zurückgezogen und gemeinsame Mahlzeiten gemieden. Insgesamt habe sie etwa 13 kg in dem letzten Jahr abgenommen.

In den letzten Wochen sei ihr schon aufgefallen, dass sie sich immer weniger konzentrieren konnte, ihr Bewegungsdrang heftiger und die chronisch vorhandenen Essgedanken immer intrusiver wurden. Es sei ihr gelegentlich schwarz vor Augen gewesen. Krank fühle sie sich aber nicht. Sie könne sich nicht erklären, was in der Prüfung passiert sei. Sie habe völlig neben sich gestanden.

Die Aufklärung zu Befund, Diagnose und Behandlungsempfehlung löste zunächst Irritation und Abwehr bei der Patientin aus. Sie kam aber doch zu Folgegesprächen, in denen schrittweise eine Basis für Problembewusstsein und Veränderungsbereitschaft geschaffen werden konnte. Sie fasste Mut und Vertrauen, sich auf eine spezialisierte stationäre Behandlung einzulassen. Psychotherapeutisch kamen in dieser Zeit auch tiefere Themen auf, die ihr schwieriges Verhältnis zu Körper und Gefühlen sowie ihre Ängste vor Autonomie und Expansivität verständlich werden ließen. Sie begann, ihr dysfunktionales Coping, bestehend aus restriktivem Essen, Kontrollneigungen und Vermeidung anstehender Entwicklungsaufgaben, zu verändern. Die Prüfung konnte sie ein Jahr später erfolgreich absolvieren. Danach begann sie eine Berufstätigkeit in einer anderen Stadt und zog in eine Wohngemeinschaft. Die Neigung zu Perfektionismus und kontrolliertem Essverhalten blieb, allerdings in deutlich gemildertem Ausmaß. Sie achtete nach dieser einschneidenden Erfahrung sehr darauf, dass sie ihr Körpergewicht im Normalbereich hielt.

Vignette 2

Auf dem Notfall stellt sich eine 32-jährige, leicht übergewichtige Patientin mit drängenden Suizidgedanken vor. Sie habe die Kontrolle über ihr Leben verloren, hasse ihren Körper. Tiefe Sinnlosigkeits- und Versagensgefühle hätten sich dann zu konkreten Suizidplanungen verdichtet.

Die Patientin berichtet, bis vor einem Jahr sportlich und schlank gewesen zu sein. Nach einer abrupten und sehr kränkenden Trennung habe sie sich hilflos, traurig und leer gefühlt. Sie habe dann begonnen, sich abends mit reichlichem Essen zu trösten. Die folgende Gewichtszunahme habe sie mit Schrecken realisiert, nicht akzeptieren wollen und mit einer Diät reagiert. Unter dem kalorienreduzierten Essen tagsüber seien die abendlichen Essenwünsche allerdings immer heftiger geworden und hätten sich zu regelrechten Attacken verdichtet. Kurzfristig erreichte Gewichtsabnahmen hätten Jojo-Effekte zur Folge gehabt. In ihrer Verzweiflung habe sie begonnen zu erbrechen. Es habe ein Verstärkungseffekt eingesetzt, sodass die Essattacken mit folgendem Erbrechen jetzt schon nachmittags begännen und sich bis in den späten Abend fortsetzten. Sie habe jegliche Steuerung verloren, schäme sich und ekele sich vor sich selbst. Sozial habe sie sich völlig zurückgezogen. Sie fühle sich seit Wochen immer elender, schlafe schlecht, sei ständig gereizt. Unter Anstrengung sei es ihr noch gelungen, zur Arbeit zu gehen. Als sich jedoch zusätzliche berufliche Probleme mit drohendem Arbeitsplatzverlust aufgrund ihrer Leistungsminderung entwickelten, habe sie jegliche Perspektive in ihrem Leben verloren.

Nach einer akuten Krisenintervention und affektiven Stabilisierung wurde eine essstörungsspezifische Behandlung in die Wege geleitet. Im stationären Rahmen konnte das Erbrechen gestoppt und eine stabile Essstruktur wieder aufgebaut werden. Es kostete allerdings anfangs viel Überzeugungsarbeit, die Patientin von sofortigen neuen Gewichtsreduktionswünschen abzuhalten. Sie sah zuerst nicht ein, dass dies die wieder erreichte Ruhe und Kontrolle im Essverhalten gefährden würde – spürte dann aber selbst, wie schnell die Essattacken wieder andrängten, sobald sie begann, tagsüber Kalorien zu sparen. Der drohende erneute Kontrollverlust ließ sie achtsamer werden und ihre Grenzen besser spüren. Sie entwickelte den Mut, ihren Emotionen Raum zu geben, sie zu akzeptieren und zu differenzieren. Sie begann, ihre Selbstwert weniger von Gewicht und Figur abhängig zu machen, stattdessen ehemalige Interessensbereiche und kreative Ressourcen wieder zu pflegen. Das unterstützte sie bei der Erarbeitung einer funktionalen Regulation ihrer Emotionen – sodass sie diese nicht mehr »in sich hineinfressen« musste.

3.2 Theoretischer Hintergrund

In der Menschheitsgeschichte mussten überwiegend Hunger und Mangelsituationen bewältigt werden. So haben sich im Laufe der Evolution gewichtserhaltende Überlebensmechanismen entwickelt. Als erste Generationen in unermesslicher Fülle von Nahrungsmitteln besteht für uns die selbstregulatorische Herausforderung, angemessen zu essen: nicht zu viel und auch nicht zu wenig. Verbunden mit vielfältigen und oft widersprüchlichen Informationen über gesunde Ernährung und Lebensstil sowie den zunehmenden (elektronischen) online Vergleich- und Kontrollmöglichkeiten ist dies das Substrat der zunehmenden Essstörungen. Eine noch nicht krankheitswertige Vorform von ES ist die Orthorexie (keine offizielle ES-Diagnose) mit intensiver Fokussierung auf »richtige und gesunde« Ernährung und meist hoher kognitiver Kontrolle bezüglich Zusammensetzung und Nährstoffgehalt der aufgenommenen Nahrung. Ein orthorektisches Essverhalten kann vor dem Ausbruch eines pathologischen Essverhaltens beobachtet werden.

Bei Erwachsenen mit Essstörungen besteht meist schon eine lange Vorgeschichte konflikthaften Essverhaltens mit Gewichtsinstabilitäten und übermäßiger gedanklicher Beschäftigung mit Nahrung und Körpergewicht. Das ist ein relevanter Unterschied zu Essstörungen bei Adoleszent:innen. In diesem Alter gibt es auch kurze und weniger komplizierte Verläufe, die mit der Funktion des Austestens von Grenzen bei zeitnaher und entschiedener Behandlung bessere Remissionsraten zeigen (Treasure et al., 2020).

Psychische Komorbiditäten sind häufig. Ängste, interaktionelle Probleme, depressive Syndrome, Stimmungsschwankungen und Schlafstörungen kommen bei fast allen Ausprägungen vor. Oft besteht eine strukturelle Problematik. Die Handlungssteuerung zeigt bei restriktiven Subtypen eine Tendenz zu rigidem Kontrollverhalten; bei binge/binge-purge Subtypen (wie Bulima nervosa oder Binge Eating Störung) zu Impulsivität, auch bezüglich Selbstverletzungen oder Kleptomanien (Smith et al., 2018).

ES können ein ADHS oder eine Traumafolgestörung maskieren. Kleptomanien und Essanfälle könne auch im Rahmen einer dissoziativen Symptomatik auftreten (Gysi, 2022). Assoziierte Substanzprobleme können differieren je nach Subtyp: Nikotin und Koffein oft bei restriktiven Störungen, Alkohol und Stimulanzien wie Amphetamine oder Cocain bei binge-purge Ausprägungen, Alkohol und Medien bei Bulima nervosa und Binge Eating Störung (Bahji et al., 2019).

Leitsymptome der *Anorexia Nervosa (AN)* sind intensive Ängste vor Gewichtszunahme und Körperbildstörungen. Diese haben eine aktive Vermeidung von Aufnahme energiereicher Nahrung zur Folge – oft im Rahmen eines strengen, selbstauferlegten inneren Regelwerkes und stark limitierten Nahrungsmittelrepertoires. Beim Binge-Purge-Typ treten zwischenzeitlich Heißhungerattacken (»binge«) auf, gefolgt von »purging«-Maßnahmen wie selbstinduziertem Erbrechen, Gebrauch von Laxantien, Appetitzüglern oder Diuretika. Exzessives Bewegungsverhalten, Body-Checking wie tägliches Wiegen oder Messen des Umfanges verschiedener Körperpartien, auffälliges Trinkverhalten und Vergleichszwänge treten bei beiden Unterformen auf. Prototypische Persönlichkeitszüge werden als perfektionistisch mit Kontrollneigung und überhöhten Selbstansprüchen beschrieben. Oft fühlen sich die Patient:innen trotz ihres sehr geringen Körpergewichtes subjektiv nicht krank und sehen daher keinen Behandlungsbedarf. Dies führt zu Konflikten mit dem Umfeld und verzögert die dringend notwendigen Therapien.

Die AN ist eine Erste-Welt-Erkrankung, z. B. in der Schweiz beträgt die Lebenszeitprävalenz 1,2 % bei Frauen und 0,2 % bei Männern; diese Daten decken sich mit den internationalen Resultaten (Galmiche et al., 2019; Mohler-Kuo et al., 2016). Etwa 1,4 % der Frauen und 0,2 % der Männer leiden während ihres Lebens unter AN (Treasure et al., 2022); die somatischen Risiken und die Sterblichkeitsrate sind hoch, 5–10 % pro Dekade (Arcelus et al., 2011; Fichter & Quadflieg, 2016), auch wegen der erhöhten Suizidalität et al., 2019; Velkoff et al., 2023). Es besteht eine Tendenz zu chronischen Verläufen, eine Vollremission wird bei weniger als 50 % der Patient:innen erreicht (Treasure et al., 2015).

Die Ätiologie ist multifaktoriell, mit Einfluss biologischer, soziokultureller und psychologischer Faktoren. Der größte Risikofaktor ist das weibliche Geschlecht. Entwicklungspsychologisch begünstigen mangelnde innerfamiliäre Abgrenzung, autonomiebehindernder Erziehungsstil und emotionale Disharmonie aufgrund fundamentaler Verunsicherung die Tendenz zu überangepasstem Verhalten. Im Rahmen der Entwicklungsanforderungen der Pubertät mit Entstehen der sekundären Geschlechtsmerkmale und den komplexer werdenden Rollenanforderungen kann eine ES ein dysfunktionaler Lösungsweg werden. Das erstrebte Schlankheitsideal wird dann mit Gesundheit und Schönheit, aber auch mit Souveränität, Erfolg und Anerkennung gleichgesetzt.

Neue Forschungsergebnisse beschreiben die AN als psychometabolische Erkrankung (Watson et al., 2019). Das reduzierte Fettgewebe der Patient:innen hat endokrine Störungen wie Amenorrhoe, Libidoverlust und Osteoporose zur Folge (Hebebrand et al., 2019; Muller et al., 2009). In der Adoleszenz können Wachstum und pubertäre Reifung verzögert sein. Kognitiv bleibt auf den ersten Blick das intellektuelle Funktionsniveau mit guter Detailerkennung lange erhalten. Es besteht jedoch eine eingeschränkte Fähigkeit der exekutiven Funktionen wie das Erkennen von Gesamtzusammenhängen sowie eine verringerte Flexibilität und verminderte Transferfähigkeit im Denken (Lang et al., 2014; Stedal et al., 2021). Das emotionale Erleben ist auf verschiedenen Ebenen beeinträchtigt (Lavender et al. 2015). Diese Phänomene spielen auch bei der Aufrechterhaltung der Erkrankung eine Rolle (Racine & Wildes, 2015). Weiterhin wird neurobiologisch von einer veränderten Funktionsweise des Belohnungssystems ausgegangen, sodass auf Nahrungsaufnahme ein angstauslösendes, auf Nahrungsverzicht ein hedonisches Signal entsteht (Frank et al., 2019; Zink & Weinberger, 2010).

Tab. 3.2: Alarmzeichen bei Anorexia nervosa (bei Erwachsene) (modifiziert nach Treasure et al., 2010)

vitales Risiko	mittel	hoch
BMI kg/m^2	< 15	< 13
Gewichtsverlust	> 0.5 kg/W.	> 1 kg/W.
Puls/Min.	< 50	< 40
Körpertemperatur (°C)	< 35	< 34.5
systolische BD	< 90	< 80
Fähigkeit aus der Hockstellung aufzustehen ohne Hilfe der Armen	möglich	unmöglich

Für die *Bulimia Nervosa (BN)* wie für die *Binge Eating Disease (BED)* sind Essanfälle charakteristisch, in denen große Mengen an Essen in einem umrissenen Zeitrahmen gegessen werden. Bei der BN sind diese mit aktiven gewichtsreduzierenden Maßnahmen assoziiert, so entstehen Zyklen von Essattacken und Entleerungen, die sich bei schweren Ausprägungen über den gesamten Tag erstrecken können. Typisch für BN wie BED ist das unangenehme Kontrollverlustgefühl während des Essens, was auch als Loss of Control Eating (LOC) beschrieben wird (Berner et al., 2020).

Die Lebenszeitprävalenz von BN und BED betragen jeweils 2,4 % bei Frauen; bei Männern liegt sie bei 0,9 % für die BN und 0,7 % für BED (Galmiche et al., 2019; Mohler-Kuo et al., 2016). Neue Untersuchungen zeigen, dass aktuell die Inzidenzen besonders der atypischen und subsyndromalen ES zunehmen (Galmiche et al., 2019).

Somatische Folgeprobleme sind bei der BN hauptsächlich lokale Schädigungen durch das Erbrechen sowie Elektrolytverschiebungen, insbesondere Ösophagitis, Zahnschmelzverlust und Kaliummangel mit der möglichen Folge von Herzrhythmusproblemen. Bei der BED beseht das ganze Spektrum der übergewichtsassoziierten Erkrankungen wie kardiovaskuläre Probleme, metabolisches Syndrom, Gelenkbeschwerden und erhöhte Neoplasierate (Treasure et al., 2020).

Alle ES können bei milderer Ausprägung leicht übersehen werden. Bei klinischen Hinweisen sollte daher sensibel aber präzise bezüglich Ernährungsgewohnheiten und Essstruktur exploriert werden. Ein weiteres schwieriges Thema dabei kann die finanzielle Belastung durch die, oft impulsiv eingekauften, enormen Essensmengen sein.

3.3 Therapie

Die Behandlung von Essstörungen ist eine fachübergreifende Herausforderung. Die Dynamik psychischer und physischer Prozesse ist komplex und erfordert oft eine enge interdisziplinäre Zusammenarbeit. Die psychischen Auswirkungen rein aufgrund der Physiologie des Körpergewichtes werden oft unterschätzt und können den Behandlungsprozess sehr erschweren. Beispielsweise führt der Starvationszustand zu Bewegungsdrang, Rigidität, Kontrollverhalten sowie emotionaler Verflachung (Hebebrand et al., 2019).

Bei allen Essstörungen ist die Wahrnehmung und Regulation von Hunger und Sättigung eingeschränkt, ein genuss- und maßvolles Essen in Verbundenheit mit Familie und Freunden kaum mehr möglich. Psychosoziale Folgen können quälende Vereinsamung und Verringerung des Funktionsniveaus in beruflichen wie privaten Bereichen sein.

Aufgrund der zahlreichen Komplikationen der ES empfiehlt sich zu Beginn der Behandlung eine somatische Grunduntersuchung und die Etablierung einer regelmäßigen interdisziplinären Zusammenarbeit.

Psychotherapeutisch hat sich ein integrativer und methodenübergreifender, aber spezifisch auf ES ausgerichteter Ansatz bewährt (S3 Leitlinien, 2018; National Institute for Health and Care Excellence, 2017)

Der a) *Aufbau einer tragenden therapeutischen Beziehung* mit wertfreier Haltung ist von zentraler Bedeutung. Erst bei ausreichendem Vertrauen sind die Betroffenen bereit, ihre schambesetzten Essgedanken und -gewohnheiten offenzulegen. *Psychoedukation* mit Wissensvermittlung über ES und ihre Risiken gibt Orientierung und unterstützt die Entwicklung von *Einsicht* in die ES-Pathologie sowie eines eigenen Krankheitskonzeptes. Dies ist die Grundlage für den Aufbau einer *Veränderungsmotivation*.

b) Mit *verhaltensorientierten Schritten* wird das dysfunktionale Essverhalten schrittweise verändert. Bei jeder Essstörung steht, unabhängig vom aktuellen Körpergewicht, der Aufbau einer stabilen Ess- und Tagesstruktur, das Stoppen von Purging-Verhalten sowie die Abstimmung von Energiegehalt der Nahrung und Bewegungsverhalten im Vordergrund. Dieser normative Ansatz bezüglich Essensmengen und -zeiten kollidiert dann meist mit den emotionalen Bedürfnissen. Durch die Symptombegrenzung wird die individuelle Funktion der Symptomatik erfahrbar, die oft emotionsregulierende wie auch beziehungsstabilisierende Anteile enthält. Eine empathisch unterstützende, bezüglich der Handlungsebene aber sehr konsequente therapeutische Haltung ist dabei entscheidend. Der Schutz eines stationären Rahmens kann notwendig sein, dies sollte gemeinsam mit dem:der Patient:in abgewogen werden.

c) Ein Blick auf das *umgebende Beziehungssystem* zeigt krankheitsunterhaltende wie gesundungsförderliche interpersonelle Dynamiken. Ablösungsprozesse und Rollenveränderungen sind häufige Themen. Psychodynamischen Perspektiven lassen *biographische Zusammenhänge*, die in der Auslösesituation zum Ausbruch und später zur Aufrechterhaltung der Erkrankung beigetragen haben, verständlich werden. Frühe Erfahrungen bezüglich der Erfüllung von Grundbedürfnissen, der Verlässlichkeit von Bindungspersonen sowie der erlebten Qualität emotionaler Spiegelung werden reflektiert. Die von diesen Resonanzen geprägte Entwicklung von Selbstwert und Grundvertrauen kann als Basis der aktuellen Steuerungsfähigkeiten in Selbstorganisation, Lebens- und Beziehungsgestaltung nachvollzogen werden. Die nachreifende Akzeptanz und Differenzierung der eigenen emotionalen Innenwahrnehmung bei gleichzeitigem Respektieren der Bedürfnisse anderer ermöglicht den Aufbau authentischer Beziehungsgestaltungen mit ausgewogener Balance von Geben und Nehmen. So kann die übermäßige Orientierung an Wünschen und Erwartungen anderer reduziert, der Selbstwert stabilisiert und die Lösung relevanter Autonomie-, Abhängigkeits- wie auch Versorgungs-Autarkie-Konflikte verbessert werden. Gegen Ende der Therapie sind Antizipation möglicher Rückfallsituationen, die Entwicklung präventiver Strategien und individueller Notfallplanungen wichtige abschließende Themen.

3.4 Resümee – wie kann in Krisen geholfen werden?

Bei der ES sind Früherkennung und eine schnelle Anbindung an eine Behandlung für die Prognose entscheidend. Klassische Herausforderungen bei der Behandlung der ES sind Aufbau von Krankheitseinsicht und Therapiemotivation. Eine Krisensituation kann sich dabei zu einer entscheidenden Chance für den:die Patient:in entwickeln, die notwendige Erkenntnis in die Dringlichkeit einer Behandlung zu gewinnen. Dieses »Momentum« ist psychotherapeutisch ein hervorragender Ausgangspunkt – von dem aus auch im weiteren Verlauf die Behandlungsrelevanz immer wieder aktualisiert und die Therapiemotivation gefördert werden kann.

Literatur

Arcelus J, Mitchell AJ, Wales J & Nielsen S (2011) Mortality rates in patients with anorexia nervosa and other eating disorders. A meta-analysis of 36 studies. *Archives of General Psychiatry, 68*, 724–731

AWMF (2018) S3-Leitlinie: Diagnostik und Therapie der Essstörungen [Guideline]

Bahji A, Mazhar M, Hudson CC, Nadkarni P, MacNeil BA, Hawken E (2019) Prevalence of substance use disorder comorbidity among individuals with eating disorders: A systematic review and meta-analysis. *Psychiatry Research, 273*, 58–66

Berner LA, Sysko R, Rebello TJ, Roberto, CA & Pike KM (2020) Patient descriptions of loss of control and eating episode size interact to influence expert diagnosis of ICD-11 binge-eating disorder. *J Eat Disord, 8*, 71

Fichter MM & Quadflieg N (2016) Mortality in eating disorders – results of a large prospective clinical longitudinal study. *International Journal of Eating Disorders, 49*, 391–401

Frank GKW, DeGuzman MC & Shott ME (2019) Motivation to eat and not to eat – The psychobiological conflict in anorexia nervosa. *Physiology and Behavior, 206*, 185–190

Galmiche M, Dechelotte P, Lambert G & Tavolacci MP (2019) Prevalence of eating disorders over the 2000–2018 period: a systematic literature review. *American Journal of Clinical Nutrition, 109*, 1402–1413

Gysi J (2022) *Diagnostik von Traumafolgestörungen: Multiaxiales Trauma-Dissoziations-Modell nach ICD-11.* Hogrefe AG

Hay P (2020) Current approach to eating disorders: a clinical update. *Internal Medicine Journal, 50*, 24–29

Hebebrand J, Milos G, Wabitsch M, Teufel M, Fuhrer D, Buhlmeier J, Libuda L, Ludwig C & Antel J (2019) Clinical Trials Required to Assess Potential Benefits and Side Effects of Treatment of Patients With Anorexia Nervosa With Recombinant Human Leptin. *Frontiers in Psychology, 10*, 769

Lang K, Lopez C, Stahl D, Tchanturia K & Treasure J (2014) Central coherence in eating disorders: an updated systematic review and meta-analysis. *World Journal of Biological Psychiatry, 15*(8), 586–598

Lavender JM, Wonderlich SA, Engel SG, Gordon KH, Kaye WH & Mitchell JE (2015) Dimensions of emotion dysregulation in anorexia nervosa and bulimia nervosa: A conceptual review of the empirical literature. *Clinical Psychology Review, 40*, 111–122

Mandelli L, Arminio A, Atti AR & De Ronchi D (2019) Suicide attempts in eating disorder subtypes: a meta-analysis of the literature employing DSM-IV, DSM-5, or ICD-10 diagnostic criteria. *Psychological Medicine, 49*(8), 1237–1249

Mohler-Kuo M, Schnyder U, Dermota P, Wei W & Milos G (2016). The prevalence, correlates, and help-seeking of eating disorders in Switzerland. *Psychological Medicine, 46*, 2749–2758

Muller TD, Focker M, Holtkamp K, Herpertz-Dahlmann B & Hebebrand J (2009) Leptin-mediated neuroendocrine alterations in anorexia nervosa: somatic and behavioral implications. *Child and Adolescent Psychiatric Clinics of North America, 18*, 117–129

National Institute for Health and Care Excellence. (2017). *Eating disorders: recognition and treatment [Guideline]*

Racine SE & Wildes JE (2015) Dynamic longitudinal relations between emotion regulation difficulties and anorexia nervosa symptoms over the year following intensive treatment. *Journal of Consulting and Clinical Psychology, 83*, 785–795

Smith KE, Mason TB, Johnson JS, Lavender JM & Wonderlich SA (2018) A systematic review of reviews of neurocognitive functioning in eating disorders: The state-of-the-literature and future directions. *International Journal of Eating Disorders, 51*, 798–821

Stedal K, Broomfield C, Hay P, Touyz S & Scherer R (2021) Neuropsychological functioning in adult anorexia nervosa: A meta-analysis. *Neuroscience and Biobehavioral Reviews, 130*, 214–226

Treasure J, Claudino AM & Zucker N (2010) Eating disorders. *Lancet, 375*, 583–93

Treasure J, Duarte TA & Schmidt U (2020) Eating disorders. *Lancet, 395*, 899–911

Treasure J, Hubel C & Himmerich H (2022) The evolving epidemiology and differential etiopathogenesis of eating disorders: implications for prevention and treatment. *World Psychiatry, 21*(1), 147–148

Treasure J, Zipfel S, Micali N, Wade T, Stice E, Claudino A, Schmidt U, Frank GK, Bulik CM & Wentz E (2015) Anorexia nervosa. *Nat Rev Dis Primers, 1*, 15074

Velkof EA, Brown TA, Kaye WH & Wierenga CE (2023) Confirmatory factor analysis of Acute Suicidal Affective Disturbance in a sample of treatment-seeking eating disorder patients. *Journal of Affective Disorders, 326*, 155–162

Watson HJ, Yilmaz Z, Thornton LM, Hubel C, Coleman JRI, Gaspar, HA, Bryois J, Hinney A, Leppa VM, Mattheisen M, Medland SE, Ripke S, Yao S, Giusti-Rodriguez P, Anorexia Nervosa Genetics I, Hanscombe KB, Purves KL, Eating Disorders Working Group of the Psychiatric Genomics Consortium, Adan RAH, … Bulik CM (2019) Genome-wide association study identifies eight risk loci and implicates metabo-psychiatric origins for anorexia nervosa. *Nature Genetics, 51*, 1207–1214

Zink CF & Weinberger DR (2010) Cracking the moody brain: the rewards of self starvation. *Nature Medicine, 16*, 1382–1383

4 Zwischen Selbstzweifel und Grandiosität – Weiblicher Narzissmus und Implikationen für die Therapie

Bärbel Wardetzki

4.1 Weiblicher Narzissmus

Den Begriff des weiblichen Narzissmus habe ich in den 1990er Jahren geprägt als Ergebnis meiner Arbeit mit essgestörten Frauen. Auch wenn Frauen aktuell unter keiner Essstörung leiden, so haben dennoch die Themen, die sich um den Körper, das Aussehen und Schlankheit drehen, eine extrem hohe Bedeutung. Viele Frauen berichten auch von Essstörungsepisoden in der Vergangenheit.

Seelisch leiden sie unter einer Entfremdung von sich selbst, die sich einerseits in einem mangelnden Selbstwertgefühl ausdrückt, andererseits dazu führt, dass die Frauen nach außen hin eine andere Seite von sich zeigen, als sie sich erleben.

Sie treten selbstbewusst auf, fühlen sich innerlich jedoch unsicher. Sie legen viel Wert auf ihr Äußeres, lehnen sich aber ab und finden sich hässlich, dick und unattraktiv. Sie sehnen sich nach Liebe und Nähe, rennen aber davon, wenn sie wirklich jemand mag, denn sie halten sich nicht für liebenswert. Auf diese Weise machen sie sich immer wieder einsam, obwohl sie gerade unter dem Gefühl, allein zu sein, sehr leiden. Ihr ganzes Fühlen, Denken und Verhalten sind stark von Gegensätzen geprägt und von dem Gefühl, nicht zu wissen, wer sie wirklich sind.

Ihre Selbstzweifel und Selbstunsicherheit versuchen sie hinter einer selbstbewussten Fassade zu verbergen. Durch Attraktivität, Schlanksein, Leistung, Perfektionismus und Etwas-Besonderes-sein sollen ihre Minderwertigkeitsgefühle ausgeglichen werden. Sie vermeiden mit aller Kraft, sich anderen so zu zeigen, wie sie sind, und verstecken sich hinter einer perfekten Maske.

Dieser innere Konflikt zwischen dem Gefühl der Minderwertigkeit und der äußeren Fassade ist das Wesen der narzisstischen Selbstwertstörung: Erlebt wird er von den Frauen als Polarität zwischen Insuffizienz- bzw. Minderwertigkeitsgefühlen und der selbstbewussten, perfekten Fassade.

Die erlebte Insuffizienz ist keine Minderwertigkeit der Person, sondern eine emotionale Empfindung. Sie resultiert aus einer Haltung der Selbstabwertung, die ursprünglich als Entwertung von außen kam. Dadurch beginnen die Frauen, sich selbst für ungenügend und unwert zu halten. Ihr Denken kreist um Aussagen wie: »Ich bin so hässlich«, »Ich bin ja so dumm« oder »Ich habe hier auf der Welt gar nichts verloren, wenn ich nicht besonders bin«. Diese Einstellungen tragen zu einem Gefühl der Minderwertigkeit bei.

Dabei werten sie nicht nur ihren Körper als plump und unattraktiv ab, sondern auch ihre gesamte Person. Aus der Unsicherheit über ihren Körper resultiert der

Trend zur Gewichtskontrolle und endet häufig in einer Essstörung. Sie haben ein gestörtes Verhältnis zu ihrem Frausein und ihrer weiblichen Identität.

Die andere Seite, die perfekte grandiose Fassade, hat zu tun mit Idealisierung und Aufwertung. So wie Abwertung immer zur Minderwertigkeit führt, so setzt die Grandiosität Idealisierung und Aufwertung voraus. Die Frauen stellen sich im besten Licht dar und fühlen sich großartiger als die anderen. So, wie sie sich in der Minderwertigkeit ungerechtfertigt abwerten, so werten sie sich nun ungerechtfertigt auf.

In ihrer Grandiosität stellen sie einen hohen Anspruch an sich und versuchen, ein Ideal von sich zu erfüllen. Nehmen sie beispielsweise zwei Kilo ab, dann kommen sie ihrem Ideal der schönen Frau nahe und finden sich super attraktiv, obwohl sie sich vorher entsetzlich dick fanden. Werden sie gelobt, dann halten sie sich für besser und klüger als die anderen, obwohl sie ansonsten permanent an ihrer Leistungsfähigkeit zweifeln. Beide Einschätzungen stehen nicht im Verhältnis zueinander. Sie sahen vorher nicht so schrecklich aus und waren nicht so inkompetent, wie sie sich empfanden, sie sind aber auch jetzt nicht so überaus ansehnlich und überragend, wie sie glauben zu sein.

Das Ideal in der Grandiosität ist meist so hoch, dass es unerreichbar ist z. B. das Ideal der Fehlerlosigkeit oder des Perfekt-seins. In diesem unerreichbaren Ideal liegt daher immer schon das ständige Gefühl, versagt zu haben und nicht gut genug zu sein.

Die erlebte Minderwertigkeit und Grandiosität bilden das sogenannte »falsche« Selbst, mit dem die Frauen identifiziert sind, weil sie den Zugang zu ihrem »wahren« Selbst verloren haben. Das bedeutet, dass sie nicht im Einklang mit sich selbst sind und sich als falsch und unecht erleben. Das Ergebnis der Identifikation mit dem »falschen Selbst« ist eine innere Entleerung und partielle Abtötung von allem Spontanen und Lebendigen.

Der Zugang zu ihrem »wahren« Selbst, also zu ihren Wünschen, Bedürfnissen und ihrer Lebenslust geht auf Dauer immer mehr verloren. Die Frauen spüren oft nicht mehr, was sie wollen, was sie brauchen, was ihnen Freude macht und was sie fühlen. Oft sind sie nur noch verhaftet mit der Angst vor einer Gewichtszunahme oder vor dem Versagen, aber kaum noch mit anderen vitalen Gefühlen wie Wut, Freude und Trauer. Es bleibt nur die traurig-depressive Verstimmtheit und Scham in der Minderwertigkeit oder die euphorische Stimmung in der Grandiosität.

4.2 Weiblich-verdeckter und männlich-offener Narzissmus

Der weibliche Narzissmus firmiert heute oft unter dem genderneutralen Begriff verdeckter oder komplementärer Narzissmus. Er grenzt sich ab vom männlichoffenen, grandiosen Narzissmus, der so heißt, weil die Betroffenen vorrangig mit ihrer Grandiosität und ihren Größenvorstellungen identifiziert sind. Der weiblich-verdeckte Narzissmus wurzelt dagegen primär im Gefühl der Minderwertigkeit und der Tendenz, sich eher klein zu machen.

Der offene Narzissmus ist charakterisiert durch Dominanzstreben, Misstrauen, Arroganz und Aggressivität, Egozentrismus, Überheblichkeit und einer geringen Wahrnehmung der Reaktionen anderer. Die Betroffenen machen sich zum »Sender«, von dem alle Information ausgeht, hören aber schlecht zu und nehmen kaum auf, was andere sagen.

Den verdeckten Narzissmus zeichnet dagegen eine hohe »Empfängerqualität« aus. Das bedeutet, dass diese Menschen sorgfältig zuhören, um Anzeichen von Kritik und Ablehnung zu registrieren. Sie sind höchst sensibel gegenüber den Reaktionen anderer und vermeiden es, im Zentrum zu stehen. Sie prägen Empfindlichkeit, Gehemmtheit, Depressivität, Scham und Gefühle von Demütigung.

Beide Formen der narzisstischen Ausprägung können sowohl Männer als auch Frauen betreffen. Allerdings ist meine Erfahrung, dass der sogenannte verdeckte weibliche Narzissmus häufiger bei Frauen auftritt und der offen grandiose vorwiegend bei Männern.

4.3 Narzisstische Krisen

Menschen mit einer weiblich-narzisstischen Struktur haben ein sehr instabiles Selbstwertgefühl. Sie können ihren Selbstwert nicht aus sich selbst heraus regulieren, weshalb sie auf die Bestätigung von außen angewiesen sind.

Das Maß für ihren Wert als Person liegt daher im anderen, nicht in ihnen. Das macht sie verletzlich, da sie von der positiven Reaktion des Gegenübers abhängig sind, und setzt sie dem allgegenwärtigen Risiko für Krisen aus. Denn die anderen werden zum Spiegel, der ihnen ihre Bedeutung offenbart und ihnen Wert verleiht. Sie brauchen die permanente Bestätigung und sind gekränkt, wenn diese ausbleibt oder sie sogar offen kritisiert werden. In dem Moment droht der Zusammenbruch ihres Selbstwertgefühls und es kommt zur sogenannten narzisstischen Krise. Die Desillusionierung, nicht anerkannt zu sein, verbinden sie mit der Überzeugung, ungeliebt zu sein und abgelehnt zu werden.

Narzisstische Krisen finden immer dann statt, wenn das Selbstwertgefühl nicht in dem ausreichenden Maße bestätigt wird, wie es die Betroffenen erwarten. Das führt in der Regel zu starken Kränkungsreaktionen, verbunden mit aggressiven Ausbrüchen oder depressiven Zusammenbrüchen. Entweder wird die Kränkungswut nach außen geleitet in Form eines Beziehungsabbruchs, aber auch als Angriff bis hin zu Gewalt und Zerstörung der Person, von der man sich verletzt fühlt. Oder sie richtet sich gegen die eigene Person in Form von Anklagen bis hin zu Selbstverletzung und Suizid.

Je verletzter das Selbstwertgefühl ist, umso stärker ist die Kränkungsreaktion und umso geringer muss der Anlass dafür sein. Jegliche Nichtbestätigung bedeutet eine Krisensituation für die betroffene Person, und das unabhängig davon, ob sie real geschieht oder ob sie als eine solche interpretiert wird.

Eine narzisstische Krise ist immer mit Gefühlen der Verlassenheit, Hilflosigkeit und Ohnmacht verbunden, aus der sie sich oft nicht selber befreien können.

4.4 Krisensituationen

Krisen treten vornehmlich in sozialen Kontexten auf, was ebenso für die therapeutische Beziehung gilt. Aber auch Zeiten des Alleinseins sind ein großes Problem für die Frauen, da ihnen dann ein Gegenüber fehlt, das sie bestätigt. Sie begegnen dadurch ihren negativen Einstellungen und Sehnsüchten nach Nähe. Auf der anderen Seite ist aber auch eine sehr große Nähe für sie ein Problem, weil sie befürchten, ihre Fassade weniger gut aufrechterhalten zu können, und immer Gefahr laufen, dass die andere Person erkennt, wie sie wirklich sind, nämlich nicht liebenswert.

Dieses Dilemma macht jede intensive Beziehung zu einem großen Problem, weil die Frauen bei Nähe die Distanz herstellen müssen und in der Distanz in eine Verlassenheitsdepression verfallen. Egal also, wie sie sich entscheiden, für Nähe oder Distanz, sie werden nie glücklich und zufrieden sein.

Narzisstische Krisen können bei Frauen in folgenden Zusammenhängen auftreten:

- Beim Alleinsein, verbunden mit dem Gefühl der Verlassenheit und des Verlorenseins.
- Bei emotionaler Nähe, die als erstickend erlebt wird, weil sie nicht mehr sie selbst sein dürfen. Denn um geliebt und gemocht zu werden, so glauben sie, müssen sie sich den Vorstellungen der anderen gänzlich anpassen.
- Bei Kritik, die im schlimmsten Fall als totale Vernichtung erlebt wird. Eine Differenzierung zwischen der Person und dem, was kritisiert wird, kann nicht vorgenommen werden. Jede Kritik ist ein massiver persönlicher Angriff.
- Bei der Erfahrung oder dem Gefühl, nicht gesehen und wahrgenommen zu werden. Das bedeutet eine Nichtbestätigung der eigenen Existenz, was als abgrundtief verunsichernd erlebt wird.
- Beim Verlust von Kontrolle und Macht, wenn ihnen beispielsweise im Job eine geliebte Tätigkeit untersagt wird oder sie sich ungerechtfertigt verurteilt fühlen. Ihr Streben ist, das negative Bild von sich zu korrigieren, um vor sich und den anderen wieder bestehen zu können.
- Wenn sie sich abgelehnt fühlen, weil eine andere Person den Kontakt zu ihnen abgebrochen hat oder sie nicht so gewürdigt und wahrgenommen werden, wie sie

es sich vorstellen. Das wird als Zurückweisung der Person erlebt, ohne die Motivation des Gegenübers zu kennen.
- Wenn ihre Bedürfnisse nicht respektiert werden, dann ziehen sie sich beleidigt zurück und wollen gar nichts mehr. Es fällt ihnen sehr schwer, ihre Wünsche direkt auszusprechen, weil sie damit ein Nein und damit eine Ablehnung assoziieren.
- Bei Trennungen von dem Partner oder der Partnerin. Sie erleben das als große Bedrohung, verbunden mit extremer Angst und Verzweiflung. Es fällt ihnen schwer, sich zu trennen, weshalb sie sehr lange, oft jahrelang das Band zu diesen Menschen aufrechterhalten. Es hat die Bedeutung einer Ersatzbeziehung und vermindert die Angst, ganz alleine zu sein.
- Eine Gewichtszunahme oder ein Foto, auf dem sie sich nicht attraktiv genug fühlen. Das entfernt sie von ihrem Idealbild und ist mit starken Selbstabwertungen bis hin zu Selbstbestrafungen verbunden.
- Versagenssituationen und Misserfolge bedeuten für sie auch eine existenzielle Bedrohung, da sie den Erfolg für die Stabilisierung ihres Selbstwertgefühls benötigen.
- Krankheiten oder Erschöpfungszustände werden als persönlicher Misserfolg erlebt, da ihre Grandiosität die permanente Aktivität fordert. Schwach zu sein, nicht mehr zu können und Ruhe zu brauchen werden als selbstwertschwächend erlebt.

Kritik, Ablehnung, Nichtbeachtung werden immer als Ablehnung der eigenen Person erlebt, weil dadurch die negativen Seiten für andere erkennbar werden, die ein narzisstisch strukturierter Mensch unter allen Umständen zu verschleiern sucht. Die Nichtbestätigung bedeutet automatisch eine Zurückweisung und damit eine Wiederholung der frühen kindlichen Erfahrung, nicht gewollt und anerkannt worden zu sein. Die frühe Erfahrung der ungenügenden Spiegelung durch die Bezugspersonen hat in der Seele ein Gefühl der emotionalen Verlassenheit hinterlassen, wodurch jede Nichtbestätigung als erneute Zurückweisung erlebt wird. Das führt dazu, dass Beziehungen sehr stark auf Konfluenz gegründet werden, was der Seele Halt und Sicherheit geben soll. Alleinsein bedeutet immer, niemanden zu haben, der bestätigt und das Selbstwertgefühl stärkt.

4.5 Implikationen für die Therapie

In der Therapie mit narzisstischen Problemstellungen treffen wir auf Menschen mit einem verletzten Selbst und dem Wunsch, diese Wunde durch die Therapeut:innen zu heilen. Sie suchen in uns den idealen Vater, die treusorgende Mutter, die bedingungslose Liebe und Unterstützung, echte Empathie und Schutz, alles, was sie sonst vergeblich in ihren Zweierbeziehungen suchen. Vergeblich deshalb, weil sie in ihrem Partner oder in ihrer Partnerin einen ebenso bedürftigen Menschen finden, der außer Stande ist, ihnen das zu geben, was sie suchen.

Diese Bedürftigkeit ist zu Beginn der therapeutischen Beziehung ebenso wenig spürbar wie ihre Verletztheit und ihr Leiden, da sie hinter der grandiosen Fassade versteckt sind. Sich mit diesen Teilen zu offenbaren, gelingt erst dann, wenn eine therapeutische Beziehung sicher installiert ist. Vorher ist es zu gefährlich, sich zu zeigen, weil die Klientinnen befürchten, nicht ernst genommen, ausgelacht oder wieder zurückgewiesen zu werden. Ein schutzgebender Rahmen ist eine wesentliche Voraussetzung für einen vertrauensvollen therapeutischen Kontakt, weil die Angst vor Verletzung so immens groß ist.

Die Therapie narzisstischer Themen ist immer Beziehungsarbeit. Es geht darum, die Strategien der Kontaktvermeidung in der therapeutischen Beziehung zu identifizieren und zu verändern. Sie sind oft so subtil, dass sie schwer erkennbar sind, z. B. Vermeidung von Blickkontakt, um eine Grenze herzustellen; nicht über das sprechen, was eigentlich wichtig ist; sie neigen dazu, zu agieren und zu machen, statt da zu sein und mit sich selbst und dem:der Therapeut:in in Kontakt zu treten; deshalb können sie Schweigen nicht aushalten. Der innere Druck wird zu groß, wenn er nicht durch Reden oder andere Aktionen reduziert werden kann; zu männlichen Therapeuten versuchen sie den Kontakt durch Verführen zu kontrollieren.

Zu Beginn der therapeutischen Arbeit werden die Therapeut:innen idealisiert, um sie zum einen für sich positiv zu stimmen, zum anderen aus dem Wunsch heraus, dass endlich jemand für sie da ist. Deshalb geben sie sich unselbständiger als sie sind, in der Hoffnung, die Therapeut:innen würden ihnen sagen, was für sie gut ist und was sie tun sollen. Für die Therapeut:innen es ist eine Herausforderung, nicht auf diese Form der Idealisierung »hereinzufallen«, da sie irgendwann in Entwertung und Widerstand umschlagen kann. Zielführender ist es, sich wohlwollend den regressiven Bedürfnissen zuzuwenden und zugleich die Kompetenz und Stärke der Klientinnen zu betonen. Ansonsten kommt es zu einer sogenannten narzisstischen Kollusion, bei der sich beide Seiten in ihrer jeweiligen Grandiosität bestätigen. Das bremst jedoch den therapeutischen Prozess, weil beide dann auf der Ebene des falschen Selbst kommunizieren.

Neben dem Aufbau einer stabilen therapeutischen Beziehung durch narzisstische Unterfütterung, Wertschätzung, Schutz und Sicherheit, ist es wertvoll, die Erwartungen an die Therapie zu erfragen. Frauen mit einer weiblich narzisstischen Struktur haben nämlich grandiose Vorstellungen davon, dass sie in kürzester Zeit (ein bis drei Stunden) ihre Probleme bewältigt haben. Wird das nicht rechtzeitig von den Therapeut:innen angesprochen, könnte es bei den Klientinnen zu einer Kränkungsreaktion kommen, die sie vor dem Hintergrund ihrer Minderwertigkeit als Versagen interpretieren.

Es ist hilfreich, den Klientinnen einen Raum zu bieten, in dem offen über Kränkungsgefühle gesprochen werden kann, da diese ja der Hauptgegenstand der narzisstischen Krise ist. Je offener die Therapeut:innen diesem Thema gegenüberstehen, umso weniger ängstigend ist es für die Klientinnen. Das bedeutet zugleich, sich mit den eigenen Kränkungen als Therapeut:in auseinanderzusetzen. Dann gelingt eine Lösung des Kränkungskonflikts im direkten Kontakt. Ansonsten würde die Therapie an diesem Punkt abbrechen.

Eine Funktion der Therapeut:innen ist, ein positiver Spiegel für die Klientinnen zu sein und sie als die, die sie sind, zu bestätigen, nämlich als wertvolle und liebenswerte Menschen. In diesem Zusammenhang haben sich Positiv-Tagebücher bewährt, in denen die Klientinnen all das notieren, was ihnen gut gelungen ist, was sie erfreut hat und was sie an sich selbst an diesem Tag positiv geschätzt haben. Auf diese Art und Weise werden sie allmählich immer unabhängiger vom Urteil der anderen.

Dazu gehört auch, einen positiven Zugang zum Körper wiederherzustellen. Mithilfe von Wahrnehmungsreisen durch den Körper können die Frauen identifizieren, welche Bereiche sie nicht oder nur unzureichend wahrnehmen. Ein gutes Selbstwertgefühl beruht immer auch auf einem guten Körpergefühl. Beides hilft beim Zugang zum wahren Selbst, zu den ursprünglichen narzisstischen Bedürfnissen und zu den echten Gefühlen.

In einer verständnisvollen Atmosphäre können die Frauen sich trauen, sich mit ihren Ängsten, Befürchtungen, Sehnsüchten und ihrem Ärger zu offenbaren, ohne dass die Beziehung dadurch gefährdet wird. Ich halte das für einen entscheidenden Faktor auf dem Weg zur Genesung: die Erfahrung, sich in einer Beziehung mit den tiefsten Gefühlen und Geheimnissen zeigen zu dürfen und die Zuwendung des anderen nicht zu verlieren, sondern zu spüren, dass sie unterstützt und ermutigt werden, immer mehr von sich zu zeigen. Auch das, was sie an sich schlecht finden, beispielsweise ihren Ärger, ihren Hass und ihre Zerstörungswut. Es sind viele positive Erfahrungen nötig, um glauben zu können, dass der Ausdruck eigener Gefühle die Beziehung nicht zerstört, sondern festigt. Und diese Erfahrung führt letztlich dazu, die Therapeut:innen ihrer negativen Eigenschaften wegen nicht abwerten und ihrer positiven Seiten wegen nicht aufwerten zu müssen, sondern sie als Person mit guten und schlechten Seiten anzuerkennen. In derselben Weise erfahren die Frauen, dass sie sich einlassen können, ohne sich gleichzeitig aufgeben zu müssen.

Das Ziel der Therapie ist der Zugang zur eigenen Lebendigkeit und Autonomie, zu eigenen Fähigkeiten und Talenten, zu einem positiven Frauenbild und zu einem befriedigenden Selbstwertgefühl.

Wenn Gefühle und Wünsche ungestraft erlebt werden dürfen und die Eigenständigkeit im Handeln nicht mehr mit der Angst vor Liebesverlust gekoppelt ist, wird die Maske allmählich überflüssig.

Literatur

Asper K (2003/1987) *Verlassenheit und Selbstentfremdung. Neue Zugänge zum therapeutischen Verständnis*. Olten, München: dtv

Battegay R (1991/1979) *Narzissmus und Objektbeziehungen. Über das Selbst zum Objekt*. Bern: Hogrefe

Battegay R (1992/1987) *Die Hungerkrankheiten. Unersättlichkeit als krankhaftes Phänomen*. Bern: Hogrefe

Bowlby J (1976) *Trennung. Psychische Schäden als Folge der Trennung von Mutter und Kind*. Frankfurt a. M.: Fischer

Johnson SM. (2006/1988) *Der narzisstische Persönlichkeitsstil. Integratives Modell und therapeutische Praxis.* Köln: EHP Edition Humanistische Psychologie
Miller A (2004/1979) *Das Drama des begabten Kindes und die Suche nach dem wahren Selbst.* Frankfurt a. M.: Suhrkamp
Polster E & Polster M (1996/1975) *Gestalt-Therapie. Neue Erkenntnisse aus Theorie und Praxis.* München: Fischer
Wardetzki B (1990) *Weiblicher Narzissmus und Bulimie.* Dissertation. München
Wardetzki B (2021/1991) *Weiblicher Narzissmus. Hunger nach Anerkennung.* München: Kösel
Wardetzki B (2001) *Ohrfeige für die Seele. Wie wir mit Kränkung und Zurückweisung besser umgehen können.* München: dtv
Wardetzki B (2010) *Eitle Liebe. Wie narzisstische Beziehungen scheitern oder gelingen können.* München: Kösel
Wardetzki, B. (2017) *Blender im Job. Vom klugen Umgang mit narzisstischen Chefs, Kollegen und Mitarbeitern.* München: dtv
Wardetzki B (2018) *Und das soll Liebe sein? Wie es gelingt, sich aus einer narzisstischen Beziehung zu befreien.* München: Kösel

5 Frauen mit ADHS in Krisensituationen

Rita Werden, Christa Koentges, Alexandra Philipsen und Swantje Matthies

5.1 ADHS bei Frauen: Frauen sind die Träumertypen

Die Aufmerksamkeitsdefizit-Hyperaktivitätsstörung (ADHS) geht typischerweise mit Symptomen aus den Hauptsymptomdomänen Unaufmerksamkeit und Hyperaktivität/Impulsivität einher. Bei Frauen und Mädchen finden sich Symptome aus allen Symptombereichen, allerdings sind diese Symptome im Mittel im Vergleich zu Männern und Jungen im Bereich Hyperaktivität/Impulsivität etwas weniger ausgeprägt. Insbesondere sind Jungen hyperaktiver als Mädchen mit ADHS. Diese Befunde im Kindesalter passen gut zu den insgesamt oft mehr internalisierenden Verhaltensweisen von Mädchen und den oft mehr externalisierenden Verhaltensweisen von Jungen. Im Erwachsenenalter fanden sich mehr Unaufmerksamkeitssymptome bei Frauen mit ADHS als bei Männern mit ADHS. Der unaufmerksame Subtyp der ADHS, der Träumertyp, ist bei Frauen und Mädchen häufiger als bei Männern und Jungen.

Da Frauen und Mädchen also eine sich weniger nach außen manifestierende und demnach weniger auffällige Symptomatik aufweisen, wird die ADHS bei ihnen oft später oder nicht erkannt. Im Verlauf der Entwicklung gehen bis ins Erwachsenenalter hinein die Symptome aus dem Bereich Hyperaktivität/Impulsivität deutlicher zurück als die Symptome aus dem Bereich Unaufmerksamkeit.

Welche Symptome sind gemeint, wenn von *Unaufmerksamkeit* die Rede ist? In den Bereich dieser Symptomdomäne fallen motivationsabhängige Konzentrationsstörungen, Ablenkbarkeit, Desorganisiertheit oder auch »geistige Abwesenheit« und Tagträumen. Die Betroffenen können in Gesprächen beispielsweise einen zerstreuten Eindruck machen und neigen zu Vergesslichkeit. Sie können im Gedankengang sprunghaft wirken, manche sprudeln vor manchmal unzusammenhängend erscheinenden neuen Ideen oder lassen sich immer wieder leicht ablenken. »Langweilige« Routinetätigkeiten und Tätigkeiten, die eine längere Aufmerksamkeitsspanne erfordern oder monotone Aktivitäten beinhalten, können die Betroffenen schwer durchhalten. Sie übersehen dann häufig Details und fallen durch Ungenauigkeiten und Flüchtigkeitsfehler oder auch durch Unvollständigkeit in der Erledigung von Aufgaben auf.

Bei der Erledigung von Alltagsanforderungen oder anfallenden schulischen oder beruflichen Aufgaben ist eine Tendenz zu chaotischem, wenig vorausschauendem und wenig geplant erscheinendem Vorgehen ein häufiges Problem und behindert die realistische Planung, Strukturierung und Beendigung von Arbeiten. Die Betroffenen wirken häufig umständlich, manchmal verwirrt und zerstreut oder unfähig, Strukturierungen von Arbeitsschritten vorzunehmen oder zeitliche Abläufe im Voraus zu planen. Subjektiv werden solche Aufgaben häufig als überfordernd wahrgenommen.

Die bei Frauen oft ausgeprägte Neigung zu Tagträumereien wird so beschrieben: Die Betreffenden verlieren sich dabei teils für Augenblicke, teils über längere Zeitspannen hinweg in eigenen Gedanken und Assoziationen, Bildern oder Fantasiewelten und wirken auf die Umgebung abwesend und nicht ansprechbar. Manchmal wird dieses Verhalten als fehlende Motivation oder Anstrengungsbereitschaft missdeutet. Oft wissen die Betroffenen, wenn sie aus dem Tagtraum »erwachen«, nicht mehr, was in der Zwischenzeit passiert ist, und haben den Anschluss an die aktuelle Situation oder ihre Anforderungen verloren.

Die motorische *Hyperaktivität* ist im Kindesalter oftmals deutlich sichtbar und äußert sich in beständigem Bewegungsdrang und Unruhe. Bei Jugendlichen und Erwachsenen mit ADHS geht die Hyperaktivität insgesamt zurück oder wandelt sich zu innerer Unruhe. Oftmals finden sich auch weiterhin leichtere Formen von Hyperaktivität, z. B. in Form von Wippen mit den Beinen oder Nesteln. Oft wird von dauerhafter Nervosität, Gestresst-Sein, Anspannung oder dem Gefühl, ständig auf dem Sprung oder getrieben zu sein, nicht gut »abschalten« zu können, berichtet. Aufgrund des Bewegungsdrangs besteht eine Abneigung gegen oder Vermeidung von Situationen, in denen Warten oder Stillsitzen notwendig sind (z. B. sich in einer Schlange anstellen, auf öffentliche Verkehrsmittel warten, im Kino/Theater sitzen u. a.). Sich über längere Zeit ruhig zu beschäftigen, fällt vielen Betroffenen schwer. Es kommt immer wieder vor, dass sie andere durch ihre Unruhe stören. Typisch bei Kindern ist das Stören im Unterricht mit Zwischenrufen und/oder Ablenken der Klassenkamerad:innen mit ständigem Reden und Herumalbern.

Dem Symptombereich der *Impulsivität* wird das viele Reden und Herausplatzen mit Redebeiträgen und Unterbrechen von anderen sowie das Nicht-abwarten-Können, die Abneigung gegen Verzögerungen (delay aversion), zugerechnet. Das viele Reden ist für Mädchen mit ADHS typisch und bei Jungen nicht so stark ausgeprägt. Typisch sind auch eine herabgesetzte Frustrationstoleranz sowie Probleme in der Selbststeuerung. Die Symptomdomäne *Impulsivität* zeigt sich auch in raschen, unbedachten Entscheidungen oder Aktivitäten aus spontanen Impulsen heraus, die oft kurzfristig hilfreich erscheinen, insofern sie eine kurzfristige Spannungsreduktion oder Befriedigung mit sich bringen, langfristig aber zu negativen Folgen führen. Impulsivität kann sich z. B. in riskanten Handlungen, plötzlichen Partnerwechseln, unüberlegten Arbeitsplatzwechseln, waghalsigen sportlichen Unternehmungen oder riskantem Sexualverhalten, Drogenkonsum oder impulsivem (Über-)Essen zeigen. Viele Menschen mit ADHS haben aufgrund der Bevorzugung kurzfristig belohnender Aktivitäten Probleme mit der langfristigen Handlungsplanung und dem Priorisieren, sodass sie beim Verfolgen von mittel- und längerfristigen Zielen immer wieder vom Weg abkommen.

Zusätzlich zu diesen Kernsymptombereichen fallen häufig *Desorganisiertheit* und *Strukturlosigkeit* (als Folge der Aufmerksamkeitsstörung und Impulsivität) und eine *emotionale Dysregulation* auf. Unter Letztgenannter versteht man ein affektives Erleben, das durch rasche reaktive Stimmungswechsel zwischen Euphorie und Deprimiertheit und durch Probleme der Affektkontrolle sowie Stressempfindlichkeit geprägt ist. Bereits im Kindesalter kann die oben beschriebene herabgesetzte Frustrationstoleranz zu häufigen Temperamentsausbrüchen führen, die sich in expansivem/aggressivem Verhalten oder in Unzufriedenheit bzw. gereizter Stimmungslage manifestieren. Betroffene im Erwachsenenalter beschreiben neben der Tendenz zu schnell aufwallenden aggressiven Regungen und Wutanfällen auch Zustände von Langeweile, innerer Leere, allgemeiner Unzufriedenheit und Dysphorie.

5.2 ADHS und Krise: eine Hassliebe

Menschen mit ADHS leben mit einem erhöhten Risiko, sich in Krisen wiederzufinden. Das beschriebene Symptomspektrum mit Aufmerksamkeitsdefizit, Impulsivität und Hyperaktivität begünstigt Krisen geradezu. Gleichzeitig sehen sich Menschen mit ADHS nicht nur vor der Herausforderung, Krisen, sondern auch als quälend erlebte Langeweile zu vermeiden. Manchmal sind es auch gerade die Krisensituationen, in denen Menschen mit ADHS sich voll »in ihrem Element« fühlen, weil sie gerade dann ihr Potential zur Geltung bringen können. Es wäre also zu einfach, Krisen allein als zu vermeidende Zustände zu betrachten. Das sich daraus ergebende Verhältnis zwischen ADHS und Krise soll im Folgenden näher beleuchtet werden.

Das für eine ADHS typische Aufmerksamkeitsdefizit hat, wie bereits erwähnt, erstens die Besonderheit, über das übliche Maß hinaus abhängig von den eigenen Interessen und der damit verbundenen Motivation zu sein. Wird also etwas als uninteressant erlebt, fällt es über das ohne ADHS zu erwartende Maß hinaus schwer, sich darauf zu konzentrieren. Verwaltungsangelegenheiten, die auch für Menschen ohne ADHS eine ernst zu nehmende Herausforderung bedeuten können, können für Menschen mit ADHS eine gefühlte Unmöglichkeit darstellen, sofern sie als quälend langweilig empfunden werden und mit ausgeprägter Unlust verbunden sind. Das Scheitern an solchen Aufgaben, und einmal mehr das Anhäufen unfertiger Projekte, frustriert und setzt unter Druck, erst recht wenn eine Person noch nicht um die Besonderheiten ihres Aufmerksamkeitsprofils weiß und sich mit Menschen ohne ADHS vergleicht. Aus diesem Überforderungserleben heraus werden zwar kurzfristige Lösungsversuche verständlich. Gleichzeitig erhöhen Vermeiden und Prokrastinieren jedoch mittel- und langfristig die Wahrscheinlichkeit für Krisen, beispielsweise dann, wenn Aufgaben dringlich und überfällig werden, und die nach dem Aufschieben noch zur Verfügung stehende Zeit immer knapper wird.

Eine zweite Besonderheit im Bereich der Aufmerksamkeit bei ADHS besteht in einem weiten bzw. rasch wechselnden Fokus. Menschen mit ADHS können viel wahrnehmen, sind offen für Reize, können über die häufigen Fokuswechsel aber auch »den Faden verlieren«. Insbesondere in kommunikativen Situationen wirkt sich das Krisenpotential dieser Eigenheit aus, z.B. bei einer Besprechung, einer Konferenz, einem Planungstreffen – d.h. in interaktionellen Situationen, in denen Wichtiges von Unwichtigem getrennt und das Wichtigste memoriert werden sollte, damit etwa eine sich daran anschließende Aufgabe erledigt werden kann. Zu bedenken ist neben der Frustration der Kraftaufwand, den es bedeutet, das Verpasste herauszufinden, das Vergessene zu holen, die Ungewissheit darüber auszuhalten, dass man wahrscheinlich nicht alles Wichtige erfasst hat, mit den vermeintlich vermeidbaren Flüchtigkeitsfehlern zu leben, die das eigene Potential beschränkter erscheinen lassen, als es tatsächlich ist.

Dabei besteht die durch die ADHS verursachte Schwierigkeit also nicht auf der Ebene des Verstehens, sondern in der Schwierigkeit der interesseunabhängigen Fokussierung und der Aufrechterhaltung der Aufmerksamkeit und Konzentration bei gleichzeitig bestehender erhöhter Ablenkbarkeit, oder anders formuliert: Neugier und Offenheit für das Interessantere und Stimulierendere, sei dies eine eigene Idee, aus der sich ein unwiderstehlicher Tagtraum entwickelt, ein Seitengespräch am Nachbartisch, ein Hintergrundgeräusch oder ein aufregendes Risiko. Diese Tendenz zum Interessanteren führt oftmals dazu, dass notwendige Tätigkeiten aus dem Blick geraten oder vergessen werden. Im Gefolge entstehen nicht selten Zuspitzungen oder Konflikte, mit anderen Worten: Krisen.

Liegt etwas im Spektrum der eigenen Interessen, können sich Menschen mit ADHS in diesen Sachverhalt vertiefen, häufig mehr als Menschen ohne ADHS. Sie können »hyperfokussieren«, sich wie »im Tunnel« mit einem Thema beschäftigen – und darüber alles um sich herum vergessen, auch Primärbedürfnisse wie essen, trinken, sich regenerieren oder schlafen. Daraus entwickeln sich labilisierende Faktoren. Zum Beispiel kann es sein, dass bei zu wenigen Pausen die folgende Erschöpfung übermäßig ausgeprägt ist. Auch ist die Anfälligkeit für emotionale Schwankungen und Unachtsamkeit erhöht, wenn Primärbedürfnisse nicht beachtet worden sind. Dies wiederum befördert Krisen.

Das passende Ausmaß an Anregung, d. h. den schmalen Grat zwischen Unterstimulation, Langeweile und Dysphorie einerseits und Überforderung durch zu viele »eyecatcher« andererseits zu finden, stellt für Patient:innen mit ADHS häufig eine große Herausforderung dar, zumal es gegenüber den Reizen der Außenwelt oft schwer fällt, das eigene Befinden im Blick zu behalten. Dies kann wiederum in Überforderungssituationen, Zeitknappheit und Stress münden.

Menschen mit ADHS haben es angesichts ihres Aufmerksamkeitsprofils schwerer, eine Struktur für ihre Aktivitäten zu entwickeln und diese einzuhalten, also eine zuverlässige Planung zu erlernen. Über viele offene »Baustellen« können sie sich verzetteln und sich überfordert fühlen, desorganisiert sein und entsprechend auf ihr Umfeld wirken.

Ein weiterer Aspekt der ADHS verstärkt die Schwierigkeit in der Eigenstrukturierung: Impulsivität. Das Krisenpotential von Impulsivität ist ein weites Feld. Sie impliziert rasche, unüberlegte Reaktionen ohne Orientierung an den längerfristigen Konsequenzen. Impulsivität kann sich in alltäglichen Interaktionen darin zeigen, dass Menschen mit ADHS anderen immer wieder ins Wort fallen, ihre Sätze beenden, den Drang verspüren, auf alles Gesagte zu reagieren, exzessiv viel sprechen und damit eine Dominanz im Gesprächsverhalten an den Tag legen, die für die Gesprächspartner:innen eine Herausforderung darstellen und bis hin zu offener Ablehnung führen kann. Sie kann andererseits selbstverständlich auch als sehr unterhaltsam wahrgenommen werden. Regelmäßig Kontakte zu pflegen, ist bei klarer

Neigung zu Spontaneität schwieriger als bei einer Affinität zu Planung und längerfristigen Absprachen. Im Rahmen von Konflikten kann Impulsivität geradewegs in die Eskalation führen, nicht selten auch in Form von Aggressivität. Auch der Umgang mit den eigenen finanziellen Ressourcen kann durch Impulsivität gekennzeichnet sein und, weil kurzfristig verstärkt durch das Belohnungssystem, in der Folge zu großen Belastungen führen: durch unüberlegte, spontane Käufe ohne Überblick darüber, ob man sie sich leisten kann.

Hohe Reagibilität zeigt sich bei Menschen mit ADHS auch im Bereich der Emotionalität. Affektive Schwankungen mit hoher Dynamik können zwar das Empfinden von Intensität und Lebendigkeit bedeuten, aber auch als erschöpfend erlebt werden und zwischenmenschliche Beziehungen belasten. Hinzu kommen bei Frauen zyklusbedingte Hormonschwankungen, die sich auf die Leistungsfähigkeit und emotionale Stabilität auswirken.

Hyperaktivität kann die Form eines dauernden Drangs nach Bewegung, auch nach riskanten und damit unfallträchtigen Aktionen annehmen. Dabei handelt es sich wahrscheinlich um die von den meisten erwartete Ausprägung dieses dritten Hauptsymptoms. Der Hyperaktivität kann auch eine anhaltende innere Unruhe zugrunde liegen, die das Timing für Pausen deutlich erschwert. Auch stellt die Gestaltung von Pausen für Menschen mit ADHS eine besondere Schwierigkeit dar: Wenn sie in Unterstimulation führt und Langeweile entsteht, kippt die Stimmung rasch ins Dysphorische. Nicht selten führt die Vermeidung von quälender Langeweile zum »sensation seeking«, der Suche nach dem »Kick«, etwa zu Substanzkonsum und in der Folge zu Abhängigkeit. Umgekehrt können z. B. Drogen auch den Versuch darstellen, die Gedanken zu beruhigen und Entspannung zu finden.

Eine ADHS erschwert das Erleben von Kontrolle und Selbstwirksamkeit. Sie begünstigt das Chaos. Erfahrungen, immer wieder an die eigenen Grenzen zu stoßen und Herausforderungen, die im Alltag eines erwachsenen Menschen unvermeidlich sind und scheinbar selbstverständlich von »allen anderen« gemeistert werden, nicht »so einfach« bewältigen zu können, wirken sich in Form selbstabwertender Grundannahmen negativ auf das Selbstbild aus. Sie erhöhen die Wahrscheinlichkeit, durch immer mehr ähnlich konfigurierte Situationen wachgerufen und, wenn keine neue Strategie angewandt wird, durch wiederholtes Scheitern vermeintlich bestätigt zu werden. Patient:innen werden so über die eigenen Kompetenzen verunsichert und somit zusätzlich anfälliger für Krisen.

Mit dem Spannungsfeld zwischen Unterstimulation, Risikosuche und Überforderung, Reizoffenheit und Hyperfokussierung sowie der Schwierigkeit im Setzen und Einhalten einer Struktur liegt auf der Hand, dass eine ADHS die Stressempfindlichkeit erhöht.

Gleichzeitig beinhaltet die Abhängigkeit von ausreichender Stimulation bei ADHS auch ein Potential zum Umgang mit Krisen. Menschen mit ADHS können häufig gut vernetzt denken, sind oft kreativ, fantasievoll und begeisterungsfähig, neugierig und offen für Neues, was das Erkennen von Problemen und das Finden von Lösungen erleichtert. Viele berichten, dass sie im höchsten Stress und in Notfallsituationen – dann, wenn andere überfordert sind – plötzlich kristallklar und konzentriert denken und ihr Potential endlich voll ausschöpfen können. Daher gibt es manchmal den Eindruck, dass Krisen regelrecht gesucht werden, um diesen

Zustand der Klarheit zu erleben und zu nutzen. ADHS und Krisen – eine Hassliebe also.

Die Diagnosestellung der ADHS ist in diesem Sinn oft ein erster Schritt, um die benannten Phänomene einzuordnen, besser zu verstehen und Strategien für den Umgang mit ihnen zu erarbeiten. Leider wird eine ADHS bei Mädchen und Frauen nach wie vor häufig erst später erkannt als bei Jungen bzw. Männern. Ein Grund könnte darin bestehen, dass sie, auch sozialisationsbedingt, Defizite häufig durch zusätzliche Anstrengung und Anpassung kompensieren. Ein »internaler« Verarbeitungsstil von Erfahrungen des Scheiterns erhöht die Wahrscheinlichkeit für scham- und schuldbesetzte Grundannahmen, die eher dazu veranlassen, die eigenen Schwierigkeiten verdecken zu wollen, so dass ADHS bei Mädchen und Frauen häufig übersehen wird. Eine spätere Diagnosestellung mit einer längeren Phase ohne adäquate Unterstützung korrespondiert möglicherweise mit einer erhöhten Persistenzrate bei Frauen im Vergleich zu Männern.

5.3 Am Anfang am Ende und am Ende am Anfang – therapeutische Ansatzpunkte

5.3.1 Eine Frage der Aufklärung: Psychoedukation und Sensibilisierung für Krisenpotential

Krisenpotential ist dann am gravierendsten, wenn es nicht als solches erkannt wird und wenn die dahinterliegenden Mechanismen nicht verstanden sind. Dann nämlich entzieht es sich einer Kontrolle und erlaubt nur wenig bis gar keinen Gestaltungsspielraum. Beim oben beschriebenen Krisen- und Chaospotential im Rahmen einer ADHS führt dies dazu, dass die Betroffenen immer wieder vor einem »Trümmerhaufen« stehen, ohne zu wissen, wie es nun schon wieder dazu kommen konnte. Vorsätze, dass von nun an alles anders oder besser laufen wird, führen allenfalls zu Frustrationen. Das Wissen um das Vorliegen einer ADHS sowie um die Besonderheiten, die damit verbunden sind, bildet die Basis für einen funktionalen und wertschätzenden Umgang und ist somit eine Bedingung für eine wirksame und langfristige Veränderung.

Die Psychoedukation im Rahmen der ADHS-Therapie verfolgt mehrere Ziele. Zum ersten geht es darum, ein Verständnis für ADHS-assoziierte Probleme im Verhalten und Erleben zu generieren, um im Alltag auftretende ADHS-Symptome als solche einordnen und entsprechend benennen zu können. Auf dieser Basis können im weiteren Verlauf Strategien entwickelt werden, den Problemen langfristig entgegenzuarbeiten. Dabei ist es wichtig, explizit vermeintliche Gegensätze und Widersprüche beim Verständnis ADHS-assoziierter Aspekte in die Psychoedukation mit einzubeziehen. Ein klassisches Beispiel hierfür ist der Gegensatz zwischen Unaufmerksamkeit und Ablenkbarkeit auf der einen und Hyperfokussiertheit auf der anderen Seite. Diese Aspekte machen es Betroffenen oftmals schwer, bestimmte Symptome der ADHS als solche zu erkennen (»Ich kann gar keine ADHS haben, ich kann mich ja manchmal total gut konzentrieren.«). Weiterhin ist es wichtig, Vorkenntnisse und Vorannahmen der Patientinnen explizit zu erfragen, und diese in ein Krankheitsmodell zu integrieren.

Die zweite Zielsetzung im Bereich der Psychoedukation verfolgt die Kehrseite der Medaille: gegenüber Menschen ohne ADHS bestehende, mit der ADHS assoziierte Stärken und Vorteile herauszustellen. Es geht darum, diese kennenzulernen und gezielt für sich nutzen zu können. Darüber hinaus soll durch diese Perspektive die oftmals eher negativ gefärbte Sicht auf ADHS-Aspekte etwas ausgeglichen werden. Dieser Gedanke wird im folgenden Abschnitt weiter vertieft.

Ein drittes Ziel besteht darin, den Einfluss der (bis dahin möglicherweise unerkannten) ADHS auf die eigenen biografischen Erfahrungen und, damit zusammenhängend, auf das Selbstbild zu erkennen. Mädchen, die immerzu die Rückmeldung erhalten, zu laut, zu tollpatschig oder zu wild zu sein, werden vielleicht bis ins Erwachsenenalter hinein die Befürchtung haben, ihrem Umfeld zu viel abzuverlangen, und werden sich in der Folge z. B. sehr zurücknehmen oder insuffizient und schlecht fühlen. Durch die Psychoedukation ist es möglich, diese vermeintlichen Defizite als das einzuordnen, was sie sind: als Teil der ADHS und nicht etwa als persönliches Versagen oder egozentrische Rücksichtslosigkeit. Dies kann dazu beitragen, ein ungünstiges Selbstbild sukzessive zu überprüfen und anzupassen.

5.3.2 Eine Frage der Einstellung: Ausstieg aus der Abwertung, Stärken und Potentiale wahrnehmen, einen freundlichen Umgang mit vermeintlichen Defiziten etablieren

In der Therapie sollte immer wieder geübt werden, einen freundlichen und wertschätzenden Umgang mit der ADHS-Symptomatik zu etablieren und im Sinne einer ausgeglichenen Betrachtung auch die Stärken und Potentiale nicht aus dem Blick zu verlieren. Patientinnen haben hier oft die Befürchtung, dass dies zu Stillstand und einem Verharren in dysfunktionalen Verhaltensmustern führt. Dabei ist es wichtig klarzustellen, dass ein mitfühlender Umgang einer Verhaltensänderung nicht im Wege steht, sondern diese eher begünstigt.

Patientinnen mit ADHS haben oft einen recht rauen und wenig wertschätzenden Ton mit sich selbst etabliert. Nicht selten enthalten diese Gedanken sogar Selbstabwertungen und Beschimpfungen. Es ist zum einen wichtig, auf Selbstabwertungen oder überzogene Kritik aufmerksam zu machen (»Würden Sie so auch mit einer anderen Person sprechen?«) und zum anderen im therapeutischen Setting als Modell für einen wertschätzenden Umgang zu fungieren. Ziel ist es dabei nicht, Schwächen auszublenden oder »schönzureden«, sondern es durch einen freundlichen Umgang zu ermöglichen, hinzusehen und an konkreter Veränderung zu arbeiten.

Die andere Seite mit in den Blick zu nehmen, ist dabei genauso wichtig: An welchen Punkten haben die Patientinnen besondere Stärken, die durch die ADHS begünstigt werden? Frauen mit ADHS sind häufig sehr kreativ, begeisterungsfähig, leidenschaftlich, rasch im Denken, offen, energisch, vielseitig interessiert u. v. m. Es ist lohnenswert, auch hier genau zu prüfen: An welchen Punkten kann ich mir diese positiven Aspekte in meinem Alltag zunutze machen? Was genieße ich? Wann kann ich vielleicht durch die ADHS Aspekte im Leben wahrnehmen, die andere Menschen einfach übersehen? Auch hier ist Ausgewogenheit wichtig, um nicht Gefahr zu laufen, die ADHS-Symptomatik lediglich als Stärke zu missdeuten und somit vorhandene Schwierigkeiten nicht hinreichend ernst zu nehmen. Beide Seiten existieren, ohne sich gegenseitig aufzuheben, und müssen somit beide im Rahmen der therapeutischen Arbeit Beachtung finden.

5.3.3 Eine Frage des Überblicks: Den roten Faden im Chaos finden

Wie oben beschrieben ist Chaos ein zentraler Aspekt der ADHS, der auch immer wieder Potential hat, in eine Krise zu führen oder krisenhafte Zustände aufrechtzuerhalten. Für viele Betroffene geht es nahezu dauerhaft um Chaosminimierung oder -bewältigung.

In der Therapie steht dann zunächst eine »Chaosanalyse« an. An welchen Stellen passieren immer wieder die gleichen Fehler? In welchen Situationen passiert es mir am ehesten, mich aus der Wohnung auszuschließen? Wann bin ich besonders anfällig dafür, mehr Chaos zu produzieren, als ich bewältigen kann? Auch wenn »Chaos« als übergeordneter Begriff für vieles passend scheint – die individuelle Genese gestaltet sich oft sehr unterschiedlich. Aus diesem Grund ist eine individuelle Analyse als Grundlage für eine Verhaltensänderung hier unerlässlich. Oftmals kann diese auch dazu dienen, den entsprechenden Situationen im Alltag mit mehr Achtsamkeit und Vorsicht zu begegnen.

Ein weiteres Prinzip besteht darin, sich den Alltag möglichst leicht zu gestalten. Deswegen wird in der Therapie konkret die Frage verfolgt, an welchen Stellen sich Patientinnen die Bewältigung ihres Alltags möglicherweise erleichtern können. Das können ganz alltagspraktische Aspekte sein (wie z. B. den Schlüssel immer an derselben Stelle abzulegen oder einen Kalender zu führen) oder auch das kritische Hinterfragen von eigenen Ansprüchen (»Muss ich wirklich für den morgigen Kindergeburtstag eine dreistöckige Torte backen, wenn ich gleichzeitig auch heute noch Abendessen kochen und den Projektentwurf für die Arbeit fertigstellen muss?«).

5.3.4 Eine Frage der Balance: Wege finden zwischen Unterstimulation und Überforderung

Vor dem Hintergrund der oben genannten Gesichtspunkte arbeiten wir mit Patientinnen mit ADHS daran, eine Struktur zu etablieren, Chaos zu minimieren und möglichst viel Gleichmäßigkeit in den Alltag zu integrieren, um gewisse Prozesse mit der Zeit zu automatisieren. Das ist zunächst einmal in Bezug auf den Aspekt der Vermeidung akuter Krisenzustände sinnvoll, kann aber auf lange Sicht in dauerhafte

Krisen und Unzufriedenheiten münden. Aus diesem Grund ist es unerlässlich, einen anderen Aspekt danebenzustellen: Frauen mit ADHS brauchen Anregung und manchmal auch Stress. Die oben beschriebene »Hassliebe« zwischen ADHS und Krisen verdeutlicht, dass beim Ausbleiben von ausreichend Reizen, Anregungen und spannenden Aspekten die (unbewusste) Affinität zu Krisen steigt und krisengenerierendes Verhalten eher stattfindet.

Es gibt nun kein genaues Maß im Sinne von »Wie viel Krise brauche ich?«. Hier sind engmaschige Selbstbeobachtung und -steuerung gefragt. Zunächst einmal muss – im Rahmen einer ausführlichen Psychoedukation – dieser Aspekt mit den Patientinnen besprochen werden. Alles in Struktur und Ordnung zu halten, klingt vordergründig zunächst sehr erstrebenswert und sinnvoll, weswegen mit Patientinnen explizit ausgearbeitet werden muss, warum sie in der Vergangenheit aus dieser Struktur immer wieder ausgebrochen sind. Der Abenteuer und Stimulation suchende Teil scheint auf den ersten Blick nicht mit den Anforderungen an eine vernünftige, erwachsene Person vereinbar und braucht deshalb erst einmal viel Validierung und Verständnis. In der Folge geht es darum, im Alltag dysfunktionale Stimulationsstrategien zu identifizieren und nach und nach durch funktionale zu ersetzen. Dies kann z. B. durch Sport, Hobbies, kleine Abenteuer wie z. B. Reisen, ausgefallene Interessen oder körperliche Anregung geschehen.

Frauen mit ADHS brauchen demnach auch fordernde Situationen, im Privatleben wie im Beruf. Oft haben sie schon intuitiv Arbeitsfelder ausgewählt, die als eher fordernd erlebt werden. In der Therapie geht es darum, eine übergeordnete Ausgewogenheit anzustreben. Stress bei der Arbeit ist zunächst einmal nichts Schlimmes – solange ich ihn nach Bedarf dosieren kann oder für entsprechenden Ausgleich sorge. Diese Arbeit an einem ausgewogenen Lebensstil, der beide Bedürfnisse der ADHS – also das nach Stimulation und das nach Erholung – einbezieht, ist sehr individuell und erfordert es, sich auf die Lebensrealität sowie die Bedürfnisse der Patientin einzulassen und im gemeinsamen Prozess auf sie zugeschnittene Lösungen zu entwickeln und zu erproben.

Literatur

Antoniou E, Rigas N, Orovou E, Papatrechas A, Sarella A (2021) ADHD Symptoms in Females of Childhood, Adolescent, Reproductive and Menopause Period. *Mater Sociomed, 33*(2):114–118. doi: 10.5455/msm.2021.33.114–118

Berry CA, Shaywitz SE, Shaywitz BA (1985) Girls with attention deficit disorder: a silent minority? A report on behavioral and cognitive characteristics. *Pediatrics,* 76, 801–809

Carl C, Ditrich I, Koentges C, Matthies S (2023) *Die Welt der Frauen und Mädchen mit ADHS.* 5. Auflage. Beltz Verlag. Weinheim Basel.

Dorani F, Bijlenga D, Beekman ATF, van Someren EJW, Kooij JJS (2021) Prevalence of hormone-related mood disorder symptoms in women with ADHD. *Journal of Psychiatric Research, 133,* 10–15. doi:10.1016/j.jpsychires.2020.12.005

Kok FM, Groen Y, Fuermaier ABM, Tucha O (2020) The female side of pharmacotherapy for ADHD – A systemativ literature review. *PLoS One, 15,* doi: 10.1371/journal.pone.0239257

Young S, Adamo N, Ásgeirsdóttir BB et al. (2020) Females with ADHD: An expert consensus statement taking a lifespan approach providing guidance for the identification and treatment of attention-deficit/ hyperactivity disorder in girls and women. *BMC Psychiatry, 20*, 404. doi.org/10.1186/s12888-020-02707-9

6 Depressive Krisen bei Frauen

Undine Lang

6.1 Allgemeine Relevanz depressiver Erkrankungen

Die Relevanz depressiver Erkrankungen ist hoch, sie sind neben Angsterkrankungen die häufigsten psychischen Erkrankungen. Im Schweizer Bevölkerungsobservatorium fühlt sich etwa ein Viertel der Bevölkerung immer wieder depressiv und entmutigt, 4,5 % der Bevölkerung fühlen sich dauerhaft deprimiert (Schuler et al., 2022). Im Gegensatz zur Schweiz, wo durch die Coronapandemie kein Hinweis auf eine Veränderung der Zahlen eingetreten ist, prognostizierte die World Health Organisation (WHO) weltweit einen Anstieg der Depressionen um 25 % (WHO, 2022). Depressionen sind Erkrankungen, die von allen medizinischen Erkrankungen den höchsten Anteil an krankheitsbedingt verlorenen Lebensjahren bedingen.

Die Relevanz von Depressionen ist hoch, weil körperliche Symptome nicht nur teilweise, sondern regelhaft begleitend auftreten, so sind bei Depressionen auch das metabolische System, das kardiovaskuläre System, hormonelle Faktoren und immunologische Faktoren dysreguliert, was zu der Tatsache führt, dass eine bestehende Depression das Risiko für sämtliche körperliche Erkrankungen wie Diabetes, Krebserkrankungen, immunologische Erkrankungen oder auch etwa Schilddrüsenerkrankungen im Verlauf erhöht (Arnaud et al., 2022; Lang & Borgwardt, 2013). Umgekehrt leiden etwa ein Drittel der Menschen, die von einem Schlaganfall, Herzinfarkt oder einer Schilddrüsenerkrankung betroffen sind, oder etwa die Hälfte der Menschen, die an Diabetes oder etwa Krebserkrankungen leiden, auch an einer Depression, welche wiederum bei Nichtbehandlung die Komplikationsrate und Mortalitätsrate der körperlichen Grunderkrankung verschlechtert (Arnaud et al., 2022; Lang & Borgwardt, 2013). Komorbiditäten entstehen einerseits direkt kausal, andererseits sind zugrundeliegende Faktoren körperlicher und depressiver Erkrankungen (Stresshormone, Insulin, Leptin, Ghrelin, immunologische Veränderungen, Blutviskosität, Puls, Blutdruck etc.) auf einen veränderten Lebensstil zurückzuführen (Bewegung, Ernährung, Bildung, soziale Situation, Schlaf, Umfeld, Stress, Traumata etc.) (Lang & Walter, 2017). Depressionen wirken sich auch auf die ökonomische Situation aus, so sind es europaweit etwa 250 Milliarden Euro, die Arbeitgeber:innen durch depressionsbedingte Arbeitsausfälle kompensieren müssen (Gustavsson et al., 2011). Präventive evidenzbasierte Interventionen bei Arbeitnehmer:innen würden die Arbeitgeber:innen weniger kosten als der Verlust der Arbeitskraft durch eine Erkrankung (Gaupp et al., 2020).

6.2 Depressionen bei Frauen

Depressionen treten bei Frauen etwa doppelt so häufig auf, was als sogenannter »Gender Gap« bezeichnet wird (Platt et al., 2020). In einer aktuellen Metaanalyse, und gleichzeitig größten Studie ihrer Art, in der Daten von 1980 bis 2019 ausgewertet wurden, erhärtete sich dieser Befund, wobei der Gap in der Adoleszenz heute sogar noch stärker ausgeprägt zu sein scheint als bei Erwachsenen, wo er eher gleichbleibend ist (Metaanalyse bei Platt et al., 2020). In dieser Studie zeigte sich, dass das Depressionsrisiko bei Frauen nach wie vor doppelt so hoch ist, was sich bei jüngeren Teilnehmerinnen der Studie zwischen 10 und 19 Jahren verschärft (Metaanalyse bei Platt et al., 2020). Depressionen zwischen 15 und 18 Jahren steigen bei Jungen von 1 auf etwa 5 %, bei Mädchen hingegen von 5 auf etwa 20 %. Diese Analyse bestätigen auch Umfrageergebnisse in der Schweiz, wo der Anteil junger Frauen (15–24 Jahre), die Stress bei der Arbeit empfinden (28 %), signifikant höher ist als im Durchschnitt und bei den 45–64jährigen Frauen (19 %). Auch in Deutschland zeigte sich laut statistischem Bundesamt, dass binnen 15 Jahren (bis 2020) der Anteil psychischer Erkrankungen bei den 15–24jährigen am stärksten von 12 % auf 18 % gestiegen ist; hier waren Depressionen die häufigste Ursache für eine Behandlung. In einer Metaanalyse über 249 Studien zeigte sich auch bei Medizinstudierenden, dass depressive Symptome bei Studentinnen häufiger auftreten als bei ihren männlichen Kollegen (Depression in Medical Students Research Group, 2023).

6.2.1 Risikofaktoren für die Entwicklung einer Depression bei Frauen

Ein höheres Einkommen ist allgemein mit einer besseren psychischen Gesundheit sowie einem geringeren Depressionsrisiko verbunden (Zare et al., 2022), dieses ist jedoch bei Frauen im Schnitt deutlich niedriger, im europaweiten Durchschnitt beträgt dieser Gap etwa 15 %. Frauen werden bei gleicher Eignung von Fakultätsmitarbeiter:innen schlechter bewertet (Moss-Racusin et al., 2012) und sind entsprechend häufiger überqualifiziert als Männer. In Städten ist das Wohlbefinden und die psychische Gesundheit allgemein niedriger (Tost et al., 2019), tatsächlich leben in allen großen deutschen Städten mehr Frauen als Männer (Statista, 2023). Soziale Isolation ist einer der relevantesten Risikofaktoren für Depressionen (Reinwarth et al., 2023), diese ist bei Frauen ausgeprägter. Umgekehrt sind Frauen in der Regel stärker involviert, wenn es um die Pflege einer/s Angehörigen geht, den Zusammenhalt innerhalb der Familie oder auch die Fürsorge um die Kinder oder Ehepartner:innen. Die Pflege von Angehörigen wiederum ist mit einem erhöhten Depressionsrisiko verbunden. Entsprechend stammen die häufigsten depressionsrelevanten Risikofaktoren bzw. Belastungsfaktoren bei Frauen aus dem direkten sozialen Umfeld, während dies bei Männern nur einen kleinen Anteil ausmacht (Schramm & Berger, 2013). Der Effekt, dass eine Ehe zu einer besseren psychischen Gesundheit führt, besteht bei Frauen nicht gleichermaßen wie bei Männern

(Schneider et al., 2014). Das Risiko für psychische Erkrankungen durch eine Partnerschaft sinkt vor allem dann, wenn Paare einen ähnlichen Ausbildungsgrad haben (Fu & Noguchi, 2016). Traumata und erlebte Gewalt sind einer der relevantesten Risikofaktoren für Depressionen (Turgumbayev et al., 2023). Erfasste Opfer von Gewaltdelikten innerhalb von Partnerschaften sind zu ca. 80 % weiblich und zu 20 % männlich (BKA, 2021). Frauen sind häufiger dem Erleben von Gewalt ausgesetzt und je mehr Gewalt erlebt wurde, desto stärker steigt das Risiko für Depressionen (Ramsoomar et al., 2023). Werden Frauen zu Mordopfern, so sind es weltweit 40–70 % (in Deutschland über 50 %), die ihrem Partner oder Expartner zum Opfer fallen, etwa die Hälfte der Frauen in Deutschland haben psychische Gewalt in Form von Einschüchterung, Verleumdungen, Drohungen und Psychoterror erlebt und 60–80 % der Betroffenen haben psychische Folgebeschwerden (Schlafstörungen, Depressionen, Ängste etc.) davongetragen (BKA, 2021). Auch Schmerzen sind ein wichtiger Risikofaktor für das Auftreten von Depressionen, von Schmerzen sind Frauen deutlich häufiger betroffen und die *fear avoidance* ist bei Frauen stärker ausgeprägt als beim männlichen Geschlecht (Waardenburg et al., 2022).

Ein weiterer Risikofaktor für Depressionen ist ein höheres Alter, hier sind Frauen, weil sie älter werden, stärker betroffen. Umgekehrt steigt im Alter auch die Resilienz, das allgemeine Wohlbefinden, die Gelassenheit und die Bewältigung von Krisen wird einfacher, dies wird auch als Altersparadox bezeichnet. Psychische Diagnosen werden im Alter eher gestellt, weil zunehmend körperliche Begleiterkrankungen eine Rolle spielen. Die bei Frauen häufiger gestellte Diagnose Depression liegt auch darin begründet, dass Frauen häufiger professionelle Hilfe bei Ärzt:innen in Anspruch nehmen.

Arbeitslosigkeit ist ein starker Risikofaktor für die Entwicklung psychischer Erkrankungen, hier sind Frauen jedoch nicht stärker betroffen als Männer. Eine erhöhte Arbeitsbelastung, die Depressionen auslösen kann, entsteht aus einem Ungleichgewicht zwischen hohen Anforderungen, Ansprüchen und Erwartungen und gleichzeitig wenig Anerkennung, sozialer Unterstützung und wenig empfundener Kontrolle über die eigene Tätigkeit bzw. wenig Autonomie und Kompetenzerleben. Angemessene finanzielle Belohnung, Beförderung, soziale Anerkennung, Wertschätzung, Vertrauen und Sicherheit am Arbeitsplatz können diesen Risiken vorbeugen. Frauen schneiden bei arbeitsplatzassoziierten Risiken ungünstiger ab, sie verdienen im Schnitt weniger, werden seltener befördert, werden schneller entlassen, erhalten weniger Anerkennung und stufen sich selbst schlechter ein (Benson et al., 2022; Kalev et al., 2014). Frauen internalisieren eher und geben sich selbst die Schuld, wenn sie scheitern (Johnson & Helgeson, 2002). Sie geben sich in der ärztlichen Ausbildung – zumindest in der Chirurgie – schlechtere Noten, obwohl sie objektiv betrachtet besser abschneiden (Lind et al., 2002). Weibliche Ärztinnen verzeichnen eine geringere Sterblichkeit ihrer Patient:innen (Tsugawa et al., 2016), trotzdem bewerben sie sich seltener auf Führungspositionen und es werden nur etwa 10 % Chefärztinnen. Frauen sind seltener als Erst- oder Letztautorinnen von Studien repräsentiert, obwohl Studien, die von Frauen geschrieben wurden, häufiger zitiert werden (Sauder et al., 2022).

Eine Geburt eines Kindes ist ebenfalls ein Risikofaktor für die psychische Gesundheit, wenn man an postpartale Depressionen und Psychosen, Effekte der Alleinerziehung, Schlafstörungen und Phasen der frühkindlichen Entwicklung denkt, wo psychische Erkrankungen insbesondere bei Frauen ansteigen. Im Arbeitsbereich zeigt sich mit der Geburt eines Kindes ein »Mutterschaftseffekt« der langfristigen Arbeitszeitreduktion vor allem von Frauen in Partnerschaften und ein »Vaterschaftseffekt« in Richtung einer Arbeitszeitausweitung, dieser Effekt wird auch als »male breadwinners« bezeichnet (Schmidt et al., 2020). Bei bestehendem Karrierewunsch stehen Frauen im Spannungsfeld zwischen Idealvorstellungen von Mutterschaft einerseits, die nur eine Teilzeiterwerbstätigkeit zu erlauben scheint (die wiederum nachweislich zu einer Benachteiligung führt, wenn es um Führungspositionen geht), und andererseits die Normvorstellung einer Führungskraft, die Vollzeitanwesenheit, maximale Flexibilität und Loyalität inkludieren und letztlich eine Entscheidung gegen mehr Zeit und Ressourcen für das Familienleben fordert (Schmidt et al., 2020). Durch diesen Effekt wechseln Frauen seltener, richten sich eher nach dem Karriereplan ihrer Männer und steigen häufiger aus ihrem Beruf aus (Lyness & Schrader, 2006). Im Allgemeinen sind Frauen eher vorsichtiger als Männer und etwas weniger risikobereit. Es fehlt ihnen dadurch vielleicht manchmal der Mut, aktive oder egoistische Entscheidungen zu treffen, was Depressionen zu einem späteren Zeitpunkt begünstigen kann.

Frauen verbringen europaweit weniger Zeit mit Hobbies als Männer (Aliaga, 2006). Tatsächlich stellen gepflegte Hobbies durch die damit einhergehende soziale Vernetzung, Achtsamkeit, Selbstwirksamkeitserleben etc. einen Schutz vor psychischen Erkrankungen dar (Cocozza et al., 2020).

Frauen grübeln häufiger als Männer, das »Denken« wiederum sagt eine schlechte Stimmung und Depressionen voraus (Wang et al., 2017). Selbst wenn Menschen an neutrale oder angenehme Dinge denken, während sie eine andere Aktivität ausführen, sind sie unglücklicher, als wenn sie sich ganz der Aktivität des Moments widmen (Killingsworth & Gilbert, 2010). Häufig lösen Schlafstörungen psychische Erkrankungen aus (Sutton, 2014). Tatsächlich schlafen Frauen schlechter (Boccabella & Malouf, 2017), dies kann hormonell bedingt sein, evolutionäre Gründe haben (damit sie ihren Nachwuchs nachts hören) oder weil etwa der Partner schnarcht. Sport wird von Männern mehr praktiziert als von Frauen. Er wirkt sich auf viele Körpersysteme positiv aus und schützt vor praktisch allen psychischen und körperlichen Erkrankungen. Sport ist jedoch nicht nur prophylaktisch, sondern auch therapeutisch bei den meisten psychischen Erkrankungen bedeutsam und wirksam.

6.2.2 Therapieoptionen

In den Behandlungsempfehlungen der Depression wird heute nicht zwischen Frauen und Männern unterschieden. Es liegt bisher keine Evidenz vor, dass Männer und Frauen unterschiedlich gut von Psychotherapie profitieren oder sich geschlechtsdifferenzielle Effekte bezüglich Psychotherapie versus Pharmakotherapie identifizieren lassen (DGPPN, 2017).

Depressionen können, wenn sie ohne Komorbidität auftreten, sehr gut behandelt werden. So gibt es bei ca. 80 % der behandelten Patient:innen eine signifikante, 50-

prozentige Besserung der Symptome innerhalb von vier Wochen (bei älteren Menschen sind es sechs Wochen). Die Therapie einer leichten Depression besteht in erster Linie aus Psychotherapie. Bei mittelgradigen und schweren Depressionen kommen Psychotherapie und Pharmakotherapie zum Einsatz. Antidepressiva sollen langsam eindosiert werden, ihre Wirkung sollte einmal pro Woche überprüft werden und nach drei bis vier Wochen sollte der Effekt der Behandlung evaluiert werden. Wenn keine 50-prozentige Besserung eingetreten ist, sollte die Medikation geändert, ergänzt, erhöht oder gewechselt werden. In den meisten Fällen kann bei komplikationsfreien Verläufen (bspw. ohne psychische Begleiterkrankungen wie Abhängigkeitserkrankungen, Angsterkrankungen oder Persönlichkeitsstörungen) eine Vollremission der Symptome nach vier bis acht Wochen erreicht werden. Nach der akuten Besserung sollte, um einen Rückfall zu vermeiden, die Medikation mindestens ein halbes Jahr aufrechterhalten werden, bis eine vollständige Stabilisierung eingetreten ist.

Eine Metaanalyse verglich die Wirksamkeit und die Nebenwirkungsrate von 21 Antidepressiva (Cipriani et al., 2018). Gemäß dieser sind alle beteiligten Antidepressiva signifikant wirksam. Initial sollten möglichst nebenwirkungsarme Medikamente erwägt werden wie etwa Agomelatin, Fluoxetin und Escitalopram, hinsichtlich der Wirkstärke bewegen diese sich eher im Mittelfeld beziehungsweise unteren Drittel (Cipriani et al., 2018). Kommt es nicht zu einem befriedigenden Rückgang der Symptome, sollten aus klinischer Sicht eher stärker wirkende Antidepressiva eingesetzt werden. In der Metaanalyse von Cipriani sind diese zum Beispiel Duloxetin, Mirtazapin, Venlafaxin und Amitryptilin (Cipriani et al., 2018). Nach einer aktuellen Metaanalyse scheinen nur Duloxetin und Venlafaxin auch bei der Schmerzbehandlung wirksam zu sein (Ferreira et al., 2023). Wenn ein Kinderwunsch besteht, müssen Medikamente bzw. die Behandlung nicht abgebrochen werden, viele verträgliche bzw. nachgewiesenermaßen nicht schädliche Medikamente ermöglichen auch während der Stillzeit und Schwangerschaft eine Behandlung (für Details ▶ Kap. 2), hier überwiegt der Nutzen dem Schaden durch Nichtbehandlung.

6.2.3 Spezielle Themen in der Psychotherapie bei Frauen

Als psychotherapeutische Verfahren, die für die Behandlung der Depression als »Richtlinienverfahren« gelten, stehen Verhaltenstherapie und tiefenpsychologisch fundierte und analytische Psychotherapie zur Verfügung (DGPPN, 2017). Eine Psychotherapie sollte gleichwertig zur Pharmakotherapie angeboten werden. Eine Psychotherapie soll insbesondere im Alter (über 65 Jahre), bei Dysthymie, zur Erhaltungstherapie nach der Akutbehandlung und standardmäßig bei mittelschweren bis schweren Depressionen angeboten werden (DGPPN, 2017).

Besondere Themen, die in der Psychotherapie bei Frauen häufig adressiert werden, sind Überbeanspruchung, mangelnde Unterstützung, Perfektionismus und Ansprüche an sich selbst. Eine hohe Passion und Perfektionismus sind auf der einen Seite leistungsfördernd auf der anderen Seite prädestinieren sie zu Depressionen (Gustafsson et al., 2011). Besonders wichtig ist, dass Frauen ihre eigenen Bedürfnisse und Werte kennenlernen, Grenzen setzen, gerade bei Ausbeutung und Gewalt, Kritik, Misshandlung oder wenn sie instrumentalisiert werden. Dass sie sich nach ihrem eigenen Kompass richten, gezielt in diesem Sinne handeln und nicht Zielen anderer folgen, »Nein sagen« lernen, wenn es darum geht, Aufgaben zu übernehmen, die sie nicht leisten möchten. Auch ist es wichtig, vergeben zu lernen, nicht nur anderen, sondern auch sich selbst, dies verbessert die körperliche und psychische Gesundheit, wie bei 17.939 Personen nachgewiesen werden konnte (Davis et al., 2015).

Verluste in der Biografie müssen thematisiert werden. Frauen haben oft das Gefühl, alles zu verlieren, anstatt alles zu erreichen (Familie und Beruf). Sie sagen öfters »ja«, wenn sie »nein« meinen, haben den Eindruck, sie müssten es allen recht machen und überfordern sich mittelfristig damit, sie fokussieren eher auf das »wir« statt auf das »ich«.

Ein Thema sind hohe Ansprüche an sich selbst, privat und beruflich, ein kritischer Blick auf sich selbst, den eigenen Körper, das Aussehen, gerade bei jüngeren Frauen, die Frage des Selbstbildes, der Vergleich mit anderen. Mädchen stecken sich seltener hohe und ambitionierte Ziele, dies wiederum schützt jedoch vor Depressionen. Im Vergleich zu Männern verhalten sich Frauen manchmal zurückhaltender, wenn es um einen anstehenden Ortswechsel oder Karrieresprung geht. Insgesamt weiß man, dass berufstätige Frauen mehr finanzielle Sicherheit, eine höhere Zufriedenheit, eine bessere Gesundheit und stabilere Ehen haben. Es muss also daran gearbeitet werden, dass Frauen im Beruf selbstbewusster und offensiver agieren und aktiver ihre Karriere bahnen. Sie müssen dafür teilweise lernen, weniger selbstkritisch zu sein und mehr zu externalisieren. Manchmal ist auch die Wahl des Arbeitsplatzes ohne gründliche Klärung der eigenen Bedürfnisse und Werte erfolgt, dann kann sich ein Wechsel der Arbeitsstelle lohnen (Schramm & Berger, 2013).

In der Psychotherapie erlernen Patientinnen Achtsamkeit und Entspannungstechniken (z. B. Meditation, Yoga), was es ihnen erlaubt, Grübelgedanken zurückzudrängen bzw. ihnen nicht mehr die Bedeutung und die Macht zu geben, die sie zu depressionsauslösenden Faktoren machen. Mit den vielen verschiedenen Stressoren besser umzugehen, spielt eine wichtige Rolle, hier geht es in der Psychotherapie vor allem darum, Ressourcen zu stärken statt Symptome zu bekämpfen.

Belastungen am Arbeitsplatz sind häufig soziale Konflikte, Mobbing, mangelnde Unterstützung und Wertschätzung, unklare Aufgabenzuteilungen, das Gefühl, nicht kompetent oder den Aufgaben gewachsen zu sein, mangelnde Begrenzung der Arbeitszeiten (Homeoffice), zu starke Kontrolle bzw. zu wenig Autonomie, aber auch Unterforderung oder zu hohe emotionale Anforderungen. Hieraus resultiert, dass Konflikte idealerweise begraben oder Ansprechpartner neu definiert werden sollten, der Spielraum erhöht, Weiterbildungen und Kompetenzen gestärkt und kraftraubende vielleicht durch kraftgebende Arbeiten je nach Konstitution ersetzt werden können. Dies erfordert Reflexion, Selbstfürsorge und eine Definition eigener Werte, manchmal hilft auch eine Verbesserung der Organisation und zu delegieren lernen.

6.2.4 Prävention

Körperliche Erkrankungen (insbesondere auch Schmerzen) sollten behandelt werden, da sich dadurch die Prognose begleitender Depressionen verbessert (Frank et al., 2022). Schlafstörungen sollten behandelt werden, um sich entwickelnde Depressionen einzudämmen (Muhammad et al., 2023).

Freundschaften und Netzwerke, Kontakte zur Natur, Sport, Achtsamkeit, Selbstwirksamkeit, Spiritualität, Sinnerleben, Humor, das Pflegen von Hobbies, Dankbarkeit, anderen vergeben zu können oder auch psychische Flexibilität, sich seiner Werte klar zu werden und daraus persönliche Ziele abzuleiten und diese auch zu verfolgen, sind protektive Faktoren. Neben dem Erlernen von Verfahren wie Achtsamkeit, Meditation und Yoga am Arbeitsplatz spielt dort auch oft eine Klärung von Rollen, ein gutes Betriebsklima, eine gute Work-Life-Balance, Autonomie und gleichzeitig Sicherheit eine Rolle (Schramm & Berger, 2013).

Wichtig ist auch, sich zu einer bestehenden privaten oder beruflichen Situation entweder zu committen, diese zu verändern oder diese zu verlassen. Nach getroffenen Entscheidungen sollte man idealerweise nicht nach hinten schauen und sagen, ich hätte dieses tun oder jenes entscheiden sollen.

Allgemein führen positive Emotionen wie Dankbarkeit, Freude, Optimismus, Neugier, Vergeben, Liebe, Interesse, Humor, Gelassenheit, Stolz und Inspiration zu mehr Resilienz (Fredrickson & Cohn, 2008). All diese Eigenschaften kann man trainieren.

Beispielsweise übten 170 Teilnehmer:innen einer Studie, positive Zukunftsvoraussagen zu treffen, und tatsächlich zeigte sich, dass sie nach der Studie ihre Zukunft optimistischer bewerteten (Miranda et al., 2017). Auch Dankbarkeit konnte in einer Studie durch ein Dankbarkeitstagebuch erlernt werden und damit eine positivere Haltung aufgebaut werden. Sogar Großzügigkeit wurde in einem experimentellen Studiendesign erzeugt und verstärkt und reduzierte Depressivität. In einer Studie konnte gezeigt werden, dass durch eine vorbeugende Internetintervention das Grübeln reduziert werden konnte, was wiederum prophylaktisch wirkt (Topper at al., 2017).

6.2.5 Chancen der Depressivität begünstigenden Faktoren

Durch die eher selbstreflexive, internalisierende und Problemen realistisch gegenübertretende Art von Frauen wird nicht nur das Auftreten von Depressionen möglicherweise begünstigt, sondern es können tendenziell auch bestehende Krisen eventuell besser bewältigt werden. Leitungspositionen werden eher an Frauen vergeben, wenn Unternehmen sich in einer Krise befinden. In einer Analyse des Kommunikationsstils während der Coronapandemie wirkten Frauen als Staatsoberhäupter teilweise authentischer, integrativer, weniger drohend und konnten mehr Vertrauen erzeugen, sie erzielten damit möglicherweise mehr Commitment in der Bevölkerung (Grebelsky-Lichtman et al., 2020).

Literatur

Aliaga C (2006) Wie verbringen Frauen und Männer in Europa ihre Zeit? *Statistik kurz gefasst: Bevölkerung und soziale Bedingungen, 4,* 1–11

Arnaud AM, Brister TS, Duckworth K, Foxworth P, Fulwider T, Suthoff ED, Werneburg B, Aleksanderek I & Reinhart ML (2022) Impact of Major Depressive Disorder on Comorbidities: A Systematic Literature Review. *J Clin Psychiatry, 19,* 83, 21r14328

Benson A, Li D & Shue K (2022) *»Potential« and the Gender Promotion Gap*

Boccabella A, Malouf J (2017) How do sleep-related health problems affect functional status according to sex? *J Clin Sleep Med, 13,* 685–692

Bundeskriminalamt (BKA) (2021) *Partnerschaftsgewalt: Kriminalstatistische Auswertung – Berichtsjahr 2020.* Wiesbaden.

Cipriani A, Furukawa TA, Salanti G, Chaimani A, Atkinson LZ, Ogawa Y, Leucht S, Ruhe HG, Turner EH, Higgins JPT, Egger M, Takeshima N, Hayasaka Y, Imai H, Shinohara K, Tajika A, Ioannidis JPA & Geddes JR (2018) Comparative Efficacy and Acceptability of 21 Antidepressant Drugs for the Acute Treatment of Adults With Major Depressive Disorder: A Systematic Review and Network Meta-Analysis. *Focus (Am Psychiatr Publ), 16,* 420–429

Cocozza S, Sacco PL, Matarese G, Maffulli GD, Maffulli N & Tramontano D (2020) Participation to Leisure Activities and Well-Being in a Group of Residents of Naples-Italy: The Role of Resilience. *Int J Environ Res Public Health, 17,* 1895

Davis DE, Ho MY, Griffin BJ, Bell C, Hook JN, Van Tongeren DR, DeBlaere C, Worthington EL & Westbrook CJ (2015) Forgiving the self and physical and mental health correlates: a meta-analytic review. *J Couns Psychol, 62,* 329–35

Depression in Medical Students Research Group, Zatt WB, Lo K & Tam W (2023) Pooled prevalence of depressive symptoms among medical students: an individual participant data meta-analysis. *BMC Psychiatry, 23,* 251

DGPPN, BÄK, KBV, AWMF (Hrsg.) für die Leitliniengruppe Unipolare Depression (2017). *S3-Leitlinie/Nationale Versorgungs-Leitlinie Unipolare Depression – Kurzfassung,* 2. Auflage. Version 1. doi:10.6101/AZQ/000366.

Ferreira GE, Abdel-Shaheed C, Underwood M, Finnerup NB, Day RO, McLachlan A, Eldabe S, Zadro JR & Maher CG (2023) Efficacy, safety, and tolerability of antidepressants for pain in adults: overview of systematic reviews. *BMJ,* 2023;380:e072415

Frank P, Batty GD, Pentti J, Jokela M, Poole L, Ervasti J, Vahtera J, Lewis G, Steptoe A & Kivimäki M (2023) Association Between Depression and Physical Conditions Requiring Hospitalization. *JAMA Psychiatry, 80*(7), 690–699, doi:10.1001/jamapsychiatry.2023.0777

Fredrickson BL & Cohn MA (2008) Positive emotions. In M Lewis, J Haviland-Jones & LF Barrett (Eds.), *Handbook of emotions* (pp. 777–796). New York: Guilford Press

Fu R & Noguchi H (2016) Does Marriage Make Us Healthier? Inter-Country Comparative Evidence from China, Japan, and Korea. *PLoS One, 11,* e0148990

Gaupp R, Walter M, Bader K, Benoy C & Lang UE (2020) A Two-Day Acceptance and Commitment Therapy (ACT) Workshop Increases Presence and Work Functioning in Healthcare Workers. *Front Psychiatry, 11,* 861

Gensichen J, Härter M, Klesse C, Bermejo I, Bschor T, Harfst T, Hautzinger M, Kolada C, Kopp I, Kühner C, Lelgemann M, Matzat J, Meyerrose B, Mundt C, Ollenschläger G, Richter R, Schauenburg H, Schmidt K, Schulz H, Weinbrenner S, Schneider F, Berger M & Niebling W (2011) *Die NVL/S3-Leitlinie Unipolare Depression – was ist wichtig für die hausärztliche Praxis?* doi:10.3238/zfa.2011.0223

Grebelsky-Lichtman T & Katz R (2021) Gender Effect on Political Leaders' Nonverbal Communicative Structure during the COVID-19 Crisis. *Int J Environ Res Public Health, 17,* 7789

Gustafsson H, Hassmén P, Hassmén N (2011) Are athletes burning out with passion? *European Journal of Sport Science, 11*(6), 387–395

Gustavsson A, Svensson M, Jacobi F, Allgulander C, Alonso J, Beghi E, Dodel R, Ekman M, Faravelli C, Fratiglioni L, Gannon B, Jones DH, Jennum P, Jordanova A, Jönsson L, Karampampa K, Knapp M, Kobelt G, Kurth T, Lieb R, Linde M, Ljungcrantz C, Maercker A,

Melin B, Moscarelli M, Musayev A, Norwood F, Preisig M, Pugliatti M, Rehm J, Salvador-Carulla L, Schlehofer B, Simon R, Steinhausen HC, Stovner LJ, Vallat JM, Van den Bergh P, van Os J, Vos P, Xu W, Wittchen HU, Jönsson B, Olesen J & CDBE2010 Study Group (2011) Cost of disorders of the brain in Europe 2010. *Eur Neuropsychopharmacol, 21*, 718–79

Johnson VM & Helgeson S (2002) Sex Differences In Response To Evaluative Feedback: A Field Study. *Psychology of Women quarterly 26:* 242–251

Kalev A (2014) How You Downsize Is Who You Downsize: Biased Formalization, Accountability, and Managerial Diversity. *American Sociological Review, 79*, 109–135

Killingsworth MA & Gilbert DT (2010) A wandering mind is an unhappy mind. *Science, 330*, 932

Lang UE & Borgwardt S (2013) Molecular mechanisms of depression: perspectives on new treatment strategies. *Cell Physiol Biochem, 31*, 761–77

Lang UE & Walter M (2017) Depression in the Context of Medical Disorders: New Pharmacological Pathways Revisited. *Neurosignals, 25*, 54–73

Lind DS, Rekkas S, Bui V, Lam T, Beierle E & Copeland EM (2002) 3rd Competency-based student self-assessment on a surgery rotation. *J Surg Res, 105*, 31–314

Lyness KS & Schrader CA (2006) Moving ahead or just moving? An examination of gender differences in senior corporate management appointments. *Group and Organization Management, 31*, 651–676

Miranda R, Weierich M, Khait V, Jurska J & Andersen SM (2017) Induced optimism as mental rehearsal to decrease depressive predictive certainty. *Behav Res Ther, 90*, 1–8

Moss-Racusin CA, Dovidio JF, Brescoll VL, Graham JM & Handelsman J (2012) Science faculty's subtle gender biases favor male students. *Proc Natl Acad Sci USA, 109*, 16474–16479

Muhammad T, Srivastava S, Muneera K, Kumar M & Kelekar U (2023) Treatment for Insomnia Symptoms is Associated with Reduced Depression Among Older Adults: A Propensity Score Matching Approach. *Clin Gerontol* doi:10.1080/07317115.2023.2208582

Platt JM, Bates L, Jager J, McLaughlin KA & Keyes KM (2021) Is the US Gender Gap in Depression Changing Over Time? A Meta-Regression. *Am J Epidemiol, 190*, 1190–1206

Ramsoomar L, Gibbs A, Chirwa ED, Machisa MT, Alangea DO, Addo-Lartey AA, Dunkle K & Jewkes R (2023) Pooled analysis of the association between mental health and violence against women: evidence from five settings in the Global South. *BMJ Open, 13*, e063730

Reinwarth AC, Ernst M, Krakau L, Brähler E & Beutel ME (2023) Screening for loneliness in representative population samples: Validation of a single-item measure. *PLoS One, 18*, e0279701

Sauder M, Newsome K, Zagales I, Autrey C, Das S, Zagales R, Bilski T & Elkbuli A (2022) Gender Distribution of First and Senior Authorship Across Most Cited Studies Within the Top Ten Surgical Journals From 2015–2020: Cementing Women Academic Surgery Representation. *J Surg Res, 277*, 7–16

Schmidt E, Kaindl M & Mazal W (2020) Frauen in der Arbeitswelt. Erwerbsarbeitszeitmodelle und deren Potenzial für Frauenförderung und Geschlechtergleichstellung. *Forschungsbericht 32/2020*

Schneider B, Rapp I, Klein T & Eckhard J (2014) Relationship status and health: Does the use of different relationship indicators matter? *Glob Public Health, 9*, 528–37

Schramm E & Berger M (2013) Interpersonal psychotherapy for work-related stress de- pressive disorders. *Nervenarzt, 84*, 813–22

Schuler D, Tuch A, Sturny I, Peter C (2022) Psychische Gesundheit. *Obsan Bulletin 02/2022*

Statista (2023) *Verteilung der Bevölkerung in den größten Städten in Deutschland nach Geschlecht 2021.* https://de.statista.com/statistik/daten/studie/1243695/umfrage/bevoelkerungsverteilung-nach-geschlecht-grossstaedte/

Topper M, Emmelkamp PM, Watkins E & Ehring T (2017) Prevention of anxiety disorders and depression by targeting excessive worry and rumination in adolescents and young adults: A randomized controlled trial. *Behav Res Ther, 90*, 123–136

Tost H, Reichert M, Braun U, Reinhard I, Peters R, Lautenbach S, Hoell A, Schwarz E, Eb- ner-Priemer U, Zipf A & Meyer-Lindenberg A (2019) Neural correlates of individual differences in affective benefit of real-life urban green space exposure. *Nat Neurosci, 22*, 1389–1393

Tsugawa Y, Jena AB, Figueroa JF, Orav EJ, Blumenthal DM & Jha AK (2017) Comparison of Hospital Mortality and Readmission Rates for Medicare Patients Treated by Male vs Female Physicians. *JAMA Intern Med, 177,* 206–213

Turgumbayev M, Shopabayev B, Dzhansarayeva R, Izbassova A & Beaver K (2023) An examination of associations between sexual assault and health problems, depression or suicidal ideation in a large nationally representative cohort of male and female 20–30-year-olds. *Crim Behav Ment Health,* doi:10.1002/cbm.2280

Waardenburg S, Visseren L, van Daal E, Brouwer B, van Zundert J, van Kuijk SMJ, Lousberg R, Jongen EMM, Leue C & de Meij N (2022) Do Men and Women Have a Different Association between Fear-Avoidance and Pain Intensity in Chronic Pain? An Experience Sampling Method Cohort-Study. *J Clin Med, 11,* 5515

Wang Y, Xu W, Zhuang C & Liu X (2017) Does Mind Wandering Mediate the Association Between Mindfulness and Negative Mood? A Preliminary Study. *Psychol Rep, 120,* 118–129

Zare H, Meyerson NS, Nwankwo CA & Thorpe RJ Jr (2022) How Income and Income Inequality Drive Depressive Symptoms in U.S. Adults, Does Sex Matter: 2005–2016. *Int J Environ Res Public Health, 19,* 6227

7 Beziehungskrisen bei Frauen mit Borderline Persönlichkeitsstörungen

Anna Hertweck

In der Literatur existieren relativ wenige Publikationen zu Problemen in Partnerschaften bei Frauen mit Borderline Persönlichkeitsstörungen (BPS), obwohl diese sowohl nach ICD-10 als auch im DSM-5 ein wichtiges Diagnosekriterium darstellen. Im ICD-11 bleibt das Kriterium »ein durchdringendes Muster der Instabilität zwischenmenschlicher Beziehungen« ebenfalls erhalten (Bundesinstitut für Arzneimittel und Medizinprodukte, 2022). Schwierigkeiten in Beziehungen verursachen bei betroffenen Patientinnen häufig einen erheblichen Leidensdruck und sind erfahrungsgemäß nicht selten Anlass, sich in psychotherapeutische Behandlung zu begeben. Interaktionelle Schwierigkeiten in Partnerschaften zeigen sich auf unterschiedliche Weise: in einer Instabilität von Beziehungen mit häufigen und plötzlichen Beziehungsabbrüchen, On-Off-Partnerschaften, aber auch in geringer Zufriedenheit in der Partnerschaft (Lavner et al., 2015; Miano et al., 2020). Oft sind diese geprägt von Ängsten vor dem Verlassen werden und heftigen Auseinandersetzungen mit Wutausbrüchen. Insbesondere bei Frauen mit einer diagnostizierten BPS finden sich gehäuft auch mit Gewalt assoziierte Beziehungsschwierigkeiten (Bouchard & Sabourin, 2009), wobei Frauen häufiger Opfer von häuslicher Gewalt werden als Männer.

Während emotionale Instabilität, Impulsivität und Beziehungsabbrüche im Verlauf eher nachlassen, bleibt eine signifikant höhere Unzufriedenheit mit der Beziehung oft bis ins höhere Alter bestehen. Die großen Schwierigkeiten in der sozialen Interaktion zeigen sich auch im Langzeitverlauf als äußerst stabil (Gundersonet al., 2011; Gunderson et al., 2018).

7.1 Psychodynamische Hintergründe

Es ist allgemein bekannt, dass Patientinnen mit BPS aufgrund ihrer Impulsivität, heftigen Emotionalität, bis hin zu wiederkehrenden Selbstverletzungen und Suizidversuchen sowie dem beim Gegenüber entstehenden Gefühl manipuliert zu werden, immer wieder auf Ablehnung stoßen und im Kontakt als schwierig angesehen werden, nicht zuletzt von Therapeut:innen selbst. Die Beziehungsgestaltung ist geprägt von einer raschen, überstürzten Beziehungsaufnahme (Kernberg, 1992), oft verbunden mit Angst vor Nähe und Idealisierung des Gegenübers. Vielfach werden auch in der Gegenübertragung einer therapeutischen Beziehung schnell herangetragene Wünsche nach wortlosem Verstehen drängend spürbar. Kommt es dann zur unvermeidlichen Enttäuschung, weil das ersehnte Objekt sich als nicht ideal herausstellt, folgen schnell Entwertungen und Beziehungsabbrüche.

Krisen, die durch Konflikte in Partnerschaften oder Trennungen ausgelöst wurden, sind sehr häufige Anlässe, sich in Behandlung zu begeben. Vielfach kommt es zunächst zur stationären Krisenintervention, in deren Verlauf sich eine tiefergehende Problematik darstellt und die den Weg in eine längerfristige psychotherapeutische Arbeit weisen kann.

Um den Patientinnen in solchen Krisen weiterzuhelfen, müssen Therapeut:innen zunächst versuchen, Einblick in die innere Welt der betroffenen Frauen zu bekommen. Ein tiefergehendes Verständnis der psychischen Entwicklung sowie der daraus resultierenden Einschränkungen und Abwehrstrategien, die in diese dysfunktionale Beziehungsgestaltung führen, kann dabei hilfreich sein.

Ein zentrales Problem ist die eingeschränkte Fähigkeit, über sich selbst und andere in einer reflexiven Weise nachzudenken, was wir als Störung der Fähigkeit zu Mentalisieren bezeichnen. Stattdessen herrschen prämentalistische Modi vor. In der normalen Entwicklung beginnt das Kind im Alter von etwa 1.5 Jahren im Äquivalenzmodus zu denken: Dies bedeutet, dass die innere der äußeren Realität gleichgesetzt wird. Konkret heißt das, das Kind nimmt das eigene innere Erleben nicht als etwas Subjektives, sondern als eine äußere Realität, als ein Faktum wahr. Parallel dazu entwickelt sich der Als-Ob-Modus. Hier wird das innere Erleben bereits als subjektiv empfunden. Es eröffnet sich die Möglichkeit, Dinge zu imaginieren und zu spielen, und dies als seine innere Wahrnehmung zu erleben. Diese bleibt jedoch von der äußeren Realität abgekoppelt. Erst die Integration dieser beiden Modi im Alter von ca. 4 Jahren führt in einen reflexiven Modus, in dem die innere Realität als subjektiv wahrgenommen und dem Gegenüber ebenso ein subjektives inneres Erleben zugestanden werden kann, das dessen Verhalten beeinflusst. Frauen mit BPS verbleiben vorwiegend im Äquivalenz- und im Als-Ob-Modus, was unter anderem dazu führt, dass sie zu ihrem inneren Erleben keine Distanz herstellen können. Ebenso fällt es ihnen schwer, unterschiedliche Perspektiven zu tolerieren, da sie ihre Wahrnehmung als Tatsache empfinden (Fonagy, 1995).

Die Fähigkeit zu mentalisieren entwickelt sich jedoch nicht automatisch und unabhängig, sondern innerhalb der Beziehung des kleinen Kindes zu seinen primären Bezugspersonen. Diese spiegeln den kindlichen Affekt in einer kongruenten und markierten Weise. Das bedeutet, sie erkennen den Affekt richtig, übertreiben ihn etwas und mischen noch andere Affekte bei. Dadurch fühlt sich das kleine Kind erkannt, kann aber auch wahrnehmen, dass die Bezugsperson nicht gleich empfindet, wie es selbst und beruhigt sich (Fonagy et al., 2003).

Ein ähnliches Konzept stammt von Bion, der, basierend auf Melanie Kleins Konzept der projektiven Identifizierung, beschrieben hat, wie der Säugling sein Erleben von unsagbarer Angst ausstößt und in die Mutter hineinverlegt (Bion, 1962). Erst durch deren Modifikation der unerträglichen Affekte können diese wieder vom Säugling aufgenommen werden. Im Zuge dessen bekommen diffuse, überwältigende Affekte eine Bedeutung und können mit zunehmender Reifung gedacht und modifiziert werden. Wesentlich ist auch hier die Abhängigkeit der Modulation von einer Bindungsperson, die dem Erleben des Kindes Bedeutung zuschreibt und modifizierende Aufgaben übernimmt. Der Prozess der Modifikation unerträglicher Gefühle wird von Bion als »Alpha-Funktion« bezeichnet. Mit der Zeit kann das Kind nicht nur die umgewandelten Affekte reinternalisieren, sondern auch die Alpha-Funktion selbst, so dass es seine Emotionen zu regulieren lernt.

Dieser Vorgang stellt an die Mutter (oder eine andere primäre Bezugsperson, z. B. den Vater) einige Anforderungen. Sie muss in der Lage sein, sich für die projektiven Identifikationen des Babys zu öffnen und diese in sich aufzunehmen. Ist eine Mutter entweder psychisch, möglicherweise aufgrund einer Depression, oder auch real physisch über längere Zeit nicht anwesend, können die Affekte nicht modifiziert werden und die unverdauten Affekte werden in zunehmend höherer Intensität fragmentiert und ausgestoßen. Emotionen können also nicht mehr intrapsychisch gebunden und reguliert werden. Auch ein Nachdenken über eigene Emotionen ist erschwert, so dass sie weniger versprachlicht, als vielmehr handelnd in Szene gesetzt werden müssen.

Damit ist jedoch erst ein Teil der interaktionellen Problematik der Patientinnen mit BPS erklärbar. Aus der Behandlungspraxis – sowohl im stationären als auch im ambulanten Rahmen – kennen wir ausgeprägte Spaltungsprozesse. In stationären oder teilstationären Behandlungen spiegelt sich die Spaltung oft eindrücklich im Behandlungsteam wider, wobei ein Teil des Teams z. B. eine fürsorgliche Haltung einnimmt und darauf drängt, der Patientin entgegenzukommen, während ein anderer Teil strenge Konsequenzen einfordert. Die Spaltung in »gute« und »böse« Selbst- und Objektrepräsentanzen hat zur Folge, dass negative wie positive Affekte besonders intensiv erlebt werden. Sie werden in Beziehungen zusammen mit den entsprechenden Selbst- und Objektrepräsentanzen auf den Plan gerufen. Dabei dient die Spaltung dem Erhalt des guten Objekts, das durch die Projektion von Hass nach außen bedroht ist, da die projizierten aggressiven Affekte Verfolgungsängste auslösen.

In »Notes on some schizoid mechanisms« (Klein, 1946) beschreibt Melanie Klein, dass nicht nur böse, sondern auch gute Anteile des Selbst projiziert werden. Durch eine übermäßige Projektion wird das Ich geschwächt, da es an den Gefühlen von Kraft, Potenz und Stärke fehlt, die mit dem aggressiven Element in Verbindung stehen, sowie gute Anteile verloren gehen. Daraus resultiert eine übermäßige Abhängigkeit von der Anwesenheit eines äußeren Objekts. Melanie Klein benennt diese Konstellation von Spaltung, Projektion und Introjektion, die mit Verfolgungsängsten einhergeht, als paranoid-schizoide Position. Als hilfreichen Faktor, um ebendiese Zustände abzumildern und zu überwinden, nennt Klein, neben konstitutionellen Anteilen, die gute und befriedigende Beziehung zur Mutter. Wird die paranoid-schizoide Position überwunden und kann die Spaltung durch zunehmende Integration überbrückt werden, entstehen neue Ängste: Da das böse Objekt als gleichzeitig gutes Objekt erkannt wird, gewinnen jetzt Ängste vor Verlust und Schuldgefühle an Bedeutung. Dies wird als depressive Position bezeichnet.

So lässt sich verstehen, dass die eingeschränkte Fähigkeit zu mentalisieren nicht nur bedingt ist durch ein Defizit, d. h. durch eine fehlende Lernerfahrung. Darüber hinaus führt die Abwehr durch Spaltung und übermäßige Projektion bzw. projektive Identifizierung dazu, dass vor allem in Zuständen von hohem emotionalem Stress, prämentalistische Modi vorherrschen. Solange die Repräsentanzen gespalten sind, kann keine Fähigkeit zu echter, emotionaler Empathie entwickelt werden, die über eine (eher kognitiv verstandene) *Theory of Mind* hinausgeht. Empathie für ein Gegenüber entwickelt sich erst mit dem Erreichen der depressiven Position, der »Fähigkeit zur Besorgnis« (Winnicott, 1963), die dann erreicht ist, wenn erkannt wird, dass das »böse Objekt« das »gute« beinhaltet und Ängste aktiviert werden, das gute Objekt durch die eigene Aggression und Destruktivität zu zerstören.

Es wird daraus leicht verständlich, dass Beziehungen von Patientinnen mit BPS belastet und häufig geprägt sind durch intensive, wechselhafte Affekte, die überflutenden Charakter haben und für das Gegenüber oft unvorhersehbar und unverständlich sind. Die jeder Beziehung innewohnende Ambivalenz aus liebevollen und aggressiven Affekten kann nicht toleriert werden, so dass enttäuschende und aggressive Aspekte innerhalb der Beziehung verleugnet werden müssen.

Dies betrifft sämtliche Arten von Beziehungen: Freundschaften, familiäre und berufliche Beziehungen und nicht zuletzt auch die therapeutische Beziehung. Was aber ist das Spezifische in den Liebesbeziehungen der betroffenen Frauen?

7.2 Intime Partnerschaften

Intime Partnerschaften sind eine besondere Form von Beziehung: Sie beinhalten insbesondere zu Beginn die Fähigkeit, sich zu verlieben. Kernberg beschreibt sehr umfassend die Merkmale reifer Liebesbeziehungen, sowie im Vergleich damit die Hindernisse bei Personen mit Borderline-Persönlichkeitsstörungen (Kernberg, 1995). Für die Fähigkeit, sich zu verlieben, spielen mehrere unterschiedliche Aspekte eine Rolle. Zum einen entsteht erotisches Begehren, also eine sexuelle Erregung, die an ein bestimmtes Objekt gebunden ist. Dabei sind einerseits biologisch-hormonelle Einflüsse mit Beginn der Pubertät bedeutend. Andererseits fasst Kernberg die sexuelle Erregung als den Grundaffekt auf, der zusammen mit um ihn gruppierten weiteren Affekten die Libido als einen Trieb bilden. Affekte werden jeweils zusammen mit entsprechenden Selbst- und Objektrepräsentanzen aktiviert, die auf eine verinnerlichte Objektbeziehung zurückgehen.

Im erotischen Begehren zeigen sich Sehnsüchte nach Nähe und Verschmelzung, die eng an die frühen körperlichen Erfahrungen mit der primären Bezugsperson, meist der Mutter, angelehnt sind.

Ein weiterer Bestandteil des erotischen Begehrens ist die gegenseitige Identifizierung mit dem Partner, die dazu führt, dass aus dem Begehren des Gegenübers eigene Lust erlebt werden kann. Somit kommt es zu einem Verschmelzungserleben, das einen transzendentalen Charakter bekommen kann. Für den Moment werden die Grenzen zwischen den Geschlechtern, zwischen Selbst und Partner aufgehoben.

Weiteres Merkmal der Fähigkeit, sich zu verlieben, ist die Idealisierung des Partners, wobei Kernberg zwischen reifen und unreifen (primitiven) Formen der Idealisierung unterscheidet. Die primitive Idealisierung beruht auf Spaltungsmechanismen, die Selbst- und Objektrepräsentanzen in »nur gute« und »nur schlechte«

aufteilt. Die negativen Repräsentanzen müssen hier ferngehalten werden, um zu verhindern, dass die gute Beziehung von aggressiv durchtränkten Affekten zerstört wird. Ihrem Wesen nach ist diese Idealisierung, wie beschrieben, nicht lange aufrechtzuerhalten und birgt die Gefahr in sich, rasch in Entwertungen zu kippen. Reife Idealisierungen beruhen dagegen weniger auf Abspaltungen negativer Repräsentanzen, sondern bilden eher Versuche der Wiedergutmachung des bösen Aspekts, um diesen zu neutralisieren. Die reife Idealisierung beinhaltet eine teilweise Projektion des eigenen Ich-Ideals auf das Liebesobjekt, was sich im Zuge der gemeinsamen Liebesbeziehung zu einer Entwicklung eines gemeinsamen Ich-Ideals, und, damit verbunden, zu einem gemeinsamen Wertesystem und Lebensprojekt entwickelt.

Wesentlich für die Entwicklung einer stabilen, dauerhaften Liebesbeziehung erweist sich die Integration von aggressiven Aspekten in die gemeinsame sexuelle Beziehung. Im Falle von abgespaltener, nicht in die sexuelle Beziehung integrierter Aggression, kommt es langfristig zu Monotonie und Langeweile, während eine übermäßige Aggression die Bindung zu zerstören droht.

Kann Aggression und damit Ambivalenz in der Beziehung toleriert werden, ist es dem Paar möglich, unbewusste innere Objektbeziehungen aus der Vergangenheit zu inszenieren und in ihrer Sexualität zu leben, was innerhalb einer Partnerschaft, in der die Liebe den Hass überwiegt, zu einer größeren Tiefe und Belebung führt.

Im Falle einer schweren Borderline-Pathologie zeigt sich meist eine schwere Hemmung der Sexualität, verbunden mit einer stark eingeschränkten Fähigkeit, stabile Liebesbeziehungen aufzubauen. Die inneren Objektbeziehungen sind chaotisch und geprägt von dissoziierten primitiv idealisierten sowie aggressiven, verfolgenden Aspekten, die voneinander getrennt gehalten werden und rasch wechseln können. Sie sind oft von sadomasochistischen Interaktionen bestimmt. Es zeigt sich ein reduziertes lustvolles, sinnliches Körpererleben. Die frühen Beziehungen zu den Bezugspersonen waren häufig geprägt von physischer und/oder emotionaler Vernachlässigung, Gewalt und Missbrauch. In weniger schweren Fällen ist es eher möglich, sexuelle Beziehungen aufzunehmen und diese als lustvoll zu erleben, wobei diese sich als instabil erweisen.

7.3   Fallvignette aus der stationären Behandlung

Eine Patientin, Frau A., 18 Jahre alt, kam aufgrund von Suizidalität und selbstverletzendem Verhalten bei BPS in unsere stationäre Behandlung. Sie stand am Ende ihrer schulischen Ausbildung. Die Eltern, die vor der Geburt von Frau A. aus einem osteuropäischen Land in die Schweiz migriert waren, hatten schon immer einen hohen Leistungsdruck auf sie ausgeübt und kein weiteres Interesse an ihr gezeigt, so berichtete Frau A. Im Vordergrund des klinischen Bildes standen massive Selbstverletzungen durch Ritzen sowie wiederholte Medikamentenüberdosierungen, die zu vorübergehendem halluzinogenem Erleben führten, das die Patientin als belebend erfuhr. Ihre innere Welt war beherrscht von einer allumgreifenden Leere, dem Gefühl eines »Nichts«. Oft kam es dazu, dass Frau A. zuhause übernachtete und nicht wie vereinbart auf die Station zurückkehrte. Neben den Selbstverletzungen kam es dann auch zu sexuellen Kontakten, in denen sie Nähe suchte, sich der Sexualität des Partners aber dann hilflos ausgeliefert fühlte. Danach fühlte sie sich kurzzeitig lebendiger, aber auch beschmutzt und entwertet.

Im Verlauf der stationären Behandlung nahm sie eine Beziehung zu einem ehemaligen Mitpatienten auf, einem jungen Mann mit narzisstischen Persönlichkeitszügen, der aufgrund seiner Schwierigkeiten, mit beruflichen Zurückweisungen umzugehen und befriedigende persönliche Beziehungen einzugehen, in eine tiefe Selbstwertkrise geraten war. Zu Beginn dieser Partnerschaft war Frau A. tatsächlich ein wenig lebendiger, in einzelnen Momenten beinahe fröhlich. Sie zeigte eine Idealisierung des Partners, der für eine kurze Zeit der wichtigste, wenn nicht sogar der einzige Inhalt ihres inneren Erlebens wurde. Während sie kaum eigenes sexuelles Begehren entwickeln konnte, gewann die Sexualität bald die wichtige Funktion, sich der Nähe des Partners zu versichern und Alleinsein zu verhindern. Recht bald jedoch gelang dies immer weniger gut: Der Partner sagte kurzfristig ihre Verabredungen ab, hatte weniger Zeit, ging allein mit seinen Freunden aus. Auf ihre Enttäuschung reagierte Frau A. mit Rückzug aus dem Kontakt, den sie erneut mit Selbstverletzungen und übermäßiger, gefährlicher Tabletteneinnahme füllte. Auch diese Handlungen blieben, ihrem Bericht nach, von ihrem Partner unbeantwortet.

Während Frau A. selbst kaum Affekte in sich wahrnehmen konnte, zeigte sich eine extreme und gespaltene Affektivität im Behandlungsteam. Ein Teil des Teams bestand auf einer sofortigen Entlassung aufgrund der Regelverstöße, während der andere Teil äußerst fürsorgliche Tendenzen entwickelte, einhergehend mit der Fantasie, dass die Patientin nur eine intensive, behütende Bemutterung brauche, um genesen zu können.

Ein wesentlicher Teil der Arbeit mit Frau A. bestand darin, diese widerstrebenden Tendenzen zu halten (Bion, 1962), ohne die eine oder die andere Fantasie auszuagieren. Daraus entstand ein starker Druck innerhalb des Behandlungsteams, der die Notwendigkeit von Spaltungen im innerpsychischen Erleben der Patientin widerspiegelte. Daraus konnte sich dann allmählich wieder eine mentalisierende Haltung einstellen, die es ermöglichte, über die Gefühlswelt von Frau A. nachzudenken, anstatt handelnd zu reagieren. Im äußeren Leben der Patientin kam es durch die Deutung der Spaltungen und projektiven Abwehrmanöver allmählich zu einer leichten Stabilisierung, so dass die Arbeit im ambulanten Setting fortgesetzt werden konnte.

7.4 Therapie

Das therapeutische Vorgehen bei Patientinnen mit Beziehungsstörungen beinhaltet vor allem bei schweren strukturellen Schwächen zunächst eine modifizierte psychoanalytische Behandlung, in der ein Fokus auf die unreifen Abwehrmechanismen gelegt wird und spezifische Teilobjektbeziehungen in der Übertragung aktiviert werden.

Die zu Beginn geschilderten Befunde, dass gerade die hohe Unzufriedenheit in Beziehungen und im sozialen Leben von Patientinnen mit BPS sich als so dauerhaft stabil erweisen, sollten uns ermutigen, diese besonders zu berücksichtigen. Da die psychoanalytische Methode die interpersonellen Abwehrmanöver bei strukturschwachen Patientinnen mit ausgearbeiteten Konzepten zu Diagnostik und Therapie in den Fokus nimmt, ist sie gerade in diesem Bereich besonders geeignet, um die Lebensqualität der Patientinnen zu verbessern.

Mehr Zufriedenheit in Partnerschaften entsteht dadurch, dass die Patientinnen zunehmend Ambivalenz tolerieren und so ein ganzheitlicheres Bild von sich selbst und ihren Partnern generieren können. Daraus resultieren Empathie, Nähe und die Sicherheit, dass die Liebe den Hass überwiegt. Erst auf diesem Boden wird es möglich, unbewusste Szenen früher, verinnerlichter Objektbeziehungen zu aktivieren und über projektive Identifizierungen innerhalb der Paarbeziehung wieder lebendig werden zu lassen (Kernberg, 1995; Ogden, 1985).

So wird zwischen den beiden Partner:innen ein Übergangsraum (Winnicott, 1971) generiert, in dem sich innere und äußere Realität überschneiden. Während im paranoid-schizoiden Modus frühe Objektbeziehungen lebendig werden, d. h. sich in der aktuellen Beziehung real anfühlen und nicht in der Vergangenheit verortet werden können, ermöglicht die depressive Position, davon wieder Abstand zu nehmen und zwischen früher und heute zu unterscheiden. Der dialektische Wechsel zwischen diesen beiden Modi der Bezogenheit verleiht der Paarbeziehung Tiefe, Lebendigkeit und Stabilität (Wilkinson & Gabbard, 1995).

Die verinnerlichten Objektbeziehungen enthalten auch frühe, überwältigende Erfahrungen, die nicht symbolisiert, also auch nicht versprachlicht werden können. Stattdessen werden sie immer wieder handelnd in Szene gesetzt, oder auf einer körperlichen Ebene ausgedrückt (De M'Uzan, 2003). Die Reinszenierung beinhaltet die Hoffnung, sich die Erfahrung aneignen zu können, d. h. sie nicht nur passiv erleiden zu müssen, sondern mit Hilfe eines anwesenden und unterstützenden Gegenübers erleben und symbolisch repräsentieren zu können (Winnicott, 1974). Die Wiederaneignung dieser »verlorenen« Anteile des Erlebens geht einher mit Gefühlen, sich vollständiger zu fühlen und ungelebtes Leben wieder erlebbar zu machen (Ogden, 2015).

Bei der Patientin aus unserem Fallbeispiel, Frau A., zeigte sich symptomatisch eine ausgeprägte innere Leere, die sie als sehr quälend wahrnahm. Dies lässt sich als Folge einer übermäßigen projektiven Abwehrtätigkeit verstehen, die bewirkte, dass die Patientin die heftigen Affekte nicht mehr in sich selbst spürte, sondern in Bezugspersonen unterbrachte, was sich in unserem Behandlungsteam auf eindrucksvolle Art und Weise gezeigt hat. Daneben litt sie unter dem Gefühl von fehlender Lebendigkeit, einem ungelebten Leben. In ihrer Paarbeziehung kam es zur Inszenierung einer Objektbeziehung, in der die Patientin mit ihren Bedürfnissen ins Leere lief und unbeantwortet blieb.

Therapeutisch ging es zunächst darum, gegenüber dem inneren Erleben, wie auch der Paarbeziehung selbst, eine neutrale, nicht-wertende Haltung einzunehmen und diese vor dem Hintergrund der inneren Nöte der Patientin zu verstehen. Im langfristigen Behandlungsverlauf können sich dann ähnliche Inszenierungen innerhalb der therapeutischen Beziehungen abspielen und verlangen es der Therapeutin ab, sich spontan auf die ihr zugeschriebene Rolle einlassen zu können, diese aber immer wieder durch eine sorgfältige Reflexion der Gegenübertragung zu verlassen. Dies entspricht, wie beschrieben, einem dialektischen Wechsel von Bezogenheit zwischen paranoid-schizoider Position auf der einen und depressiver Position auf der anderen Seite. Durch die darin enthaltenen integrativen Funktionen kann sich die Patientin die bisher nicht repräsentierbaren Erfahrungen zunehmend aneignen.

Literatur

Bion WR (1962) Chapter Twenty-Seven. *Learning from Experience*, 3, 89–94
Bouchard S & Sabourin S (2009) Borderline personality disorder and couple dysfunctions. *Curr Psychiatry Rep*, 11, 55–62
Bundesinstitut für Arzneimittel und Medizinprodukte (2022) *ICD-11 in Deutsch – Entwurfsfassung*. Zugriff am 14.01.2023 unter: www.bfarm.de/DE/Kodiersysteme/Klassifikationen/ICD/ICD
De M'Uzan M (2003) Slaves of Quantity. *Psychoanalytic Quarterly*, 72, 711–725
Fonagy P (1995) Playing With Reality: The Development Of Psychic Reality And Its Malfunction In Borderline Personalities. *International Journal of Psychoanalysis*, 76, 39–44
Fonagy P, Target M, Gergely G, Allen JG & Bateman AW (2003) The Developmental Roots of Borderline Personality Disorder in Early Attachment Relationships: A Theory and Some Evidence. *Psychoanalytic Inquiry*, 23, 412–459
Gunderson J, Herpertz S, Skodol A, Torgersen S & Zanarini M (2018) Borderline personality disorder. *Nat Rev Dis Primers*, 4, 18029
Gunderson JG, Stout RL, McGlashan TH, Shea MT, Morey LC, Grilo CM, Zanarini MC, Yen S, Markowitz JC, Sanislow C, Ansell E, Pinto A & Skodol AE (2011) Ten-year course of borderline personality disorder: psychopathology and function from the Collaborative Longitudinal Personality Disorders study. *Arch Gen Psychiatry*, 68, 827–37
Kernberg O (1992) *Objektbeziehungen und Praxis der Psychoanalyse*. Stuttgart: Klett-Cotta.
Kernberg O (1995) *Liebesbeziehungen: Normalität und Pathologie*. Stuttgart: Klett-Cotta.
Klein M (1946) Notes on Some Schizoid Mechanisms. *International Journal of Psychoanalysis*, 27, 99–110
Lavner JA, Lamkin J & Miller JD (2015) Borderline personality disorder symptoms and newlyweds' observed communication, partner characteristics, and longitudinal marital outcomes. *Journal of Abnormal Psychology*, 124(4), 975–981
Miano A, Dziobek I & Roepke S (2020) Characterizing Couple Dysfunction in Borderline Personality Disorder. *J Pers Disord*, 34, 181–198
Ogden TH (1985) On Potential Space. *International Journal of Psychoanalysis*, 66, 129–141
Ogden TH (2015) Die Angst vor dem Zusammenbruch und das ungelebte Leben. *Internationale Psychoanalyse*, 10, 107–128
Wilkinson SM & Gabbard GO (1995) On Romantic Space. *Psychoanalytic Psychology* 12, 201–219
Winnicott DW (1965) The Development of the Capacity for Concern (1963). *The Maturational Processes and the Facilitating Environment: Studies in the Theory of Emotional Development*, 64, 73–82

Winnicott DW (1971) Transitional Objects and Transitional Phenomena. *Playing and Reality,* 17, 1–25
Winnicott DW (1974) Fear of Breakdown. *International Review of Psychoanalysis, 1,* 103–107

8 Elternschaft bei Frauen mit Psychosen – in der Perinatalperiode und darüber hinaus: Herausforderungen in der Eltern-Kind-Bindung und Konsequenzen für das Kind

Mathilde Morisod und Kerstin Jessica Plessen

Die Phase von Beginn der Schwangerschaft bis zu den ersten Lebensmonaten des Kindes ist eine besonders sensible Zeit für die werdenden Eltern. Die sogenannte Perinatalperiode wurde als eine psychische Krise der Reifung beschrieben (Bydlowski & Golse, 2001), als eine dynamische Periode (»psychische Transparenz der Schwangerschaft«) (Bydlowski, 1991) und als »primäre mütterliche Sorge« (Winnicott, 1975). Während der Schwangerschaft kann das ungeborene Kind idealisiert werden, aber auch Gegenstand von Ängsten sein, die mit der Ungewissheit darüber verbunden sind, was aus ihm werden wird (Lebovici & Stoléru, 1994). In den ersten Monaten des postpartalen Lebens spielen die spezifischen Eigenschaften des Säuglings und seine Beziehungskompetenzen eine entscheidende Rolle bei der Entwicklung der Eltern-Kind-Bindung, die für die psychische Konstitution des Säuglings wesentlich ist. Bei der Beurteilung der Qualität der Eltern-Kind-Bindung in der Perinatalperiode müssen daher die Eigenschaften und das Verhalten des Kindes ebenso berücksichtigt werden wie das subjektive Erleben der Eltern (Zeanah & Anders, 1987) und ihre möglichen Psychopathologien. Diese Dimensionen beeinflussen sich gegenseitig und führen zu einer stets komplexen, sehr lebendigen und einzigartigen Beziehung (Lebovici, 1989).

8.1 Postpartum: Eine Zeit mit erhöhtem Risiko

Die Schwangerschaft und die Periode »Postpartum« sind bekanntlich Zeiten besonderer psychischer und neurobiologischer Vulnerabilität, in denen Psychopathologien gehäuft auftreten. Alle psychiatrischen Erkrankungen können in diesem Lebensabschnitt vorkommen, und eine Frau, die bereits vor der Schwangerschaft an einer psychiatrischen Erkrankung leidet, hat ein höheres Risiko für eine erneute Dekompensation in der postpartalen Phase. Zu den am häufigsten auftretenden Erkrankungen gehören Depressionen, Angststörungen, posttraumatische Belastungsstörungen und psychotische Störungen (O'Hara & Wisner, 2014). Peripartale Depressionen mit oder ohne psychotische Symptome sind ein äußerst häufiges Krankheitsbild, das je nach Studie auf 15% präpartal und 13% postpartal geschätzt wird. Es gibt ein deutliches Kontinuum zwischen prä- und postpartaler Depression, wobei eine während der Schwangerschaft bestehende Depression der Hauptrisikofaktor für die Entwicklung einer postpartalen Depression ist. Die Symptome gleichen größtenteils jener der Depressionen anderer Genese, aber in dem klinischen Bild stehen häufig Schuldgefühle, Scham, das Gefühl, ein »schlechter Elternteil« zu sein, übertriebene Sorge um das Kind und das Vorhandensein von Impulsphobien im Vordergrund, sie sind somit »kindzentrierter«. Dieses Krankheitsbild hat daher einen wichtigen und erschwerenden Einfluss auf die Elternschaft, die Parentalität. Peripartale Depressionen sind darüber hinaus sehr häufig mit schweren Angststörungen verbunden. Suizidgedanken sind weniger häufig, aber wenn sie vorhanden sind, stellen sie ein Zeichen für die Intensität der Erkrankung dar (Nanzer, 2009). Es ist wichtig, die postpartale Depression von den Erscheinungen der emotionalen Labilität nach der Entbindung zu unterscheiden, die in der Umgangssprache als »Babyblues« bezeichnet wird. Dieses Phänomen tritt bei mehr als 50 % der Frauen auf (Paschetta et al., 2013) und manifestiert sich relativ schnell nach der Geburt des Babys, wobei der Höhepunkt typischerweise zwischen dem dritten und fünften Tag nach der Geburt liegt. Im Gegensatz zu nachgewiesenen Depressionen ist der Babyblues transitorisch und bildet sich spontan zurück. Ein beruhigendes und unterstützendes Umfeld begünstigt seine Restitution und aufgrund der spontanen Rückbildung wird es als ein physiologisches Ereignis angesehen.

Die postpartale Psychose ist wesentlich seltener (1–2 %), und stellt einen wichtigen psychiatrischen Notfall dar. Ihr Beginn ist in der Regel wesentlich abrupter und schneller als der einer Depression und das Risiko von Suizid und Kindstötung ist dabei erhöht. Obwohl das Neugeborene mit seinen ungestillten Bedürfnissen einen wichtigen auslösenden Faktor darstellt, ist die mütterliche Prädisposition jedoch eine »Conditio sine qua non«. Die postpartale Psychose kann von daher als einzelne akute psychotische Episode, aber auch im Zusammenhang mit einer Dekompensation einer bipolaren Störung (depressive oder manische Phase) oder als Glied einer Erkrankung im schizophrenen Formenkreis auftreten.

Es gibt nur wenige epidemiologische Daten zu Suizidgedanken in diesem Lebensabschnitt. Doch obwohl Suizide und Suizidversuche während der Schwangerschaft und im Wochenbett mit einer geringeren Rate auftreten als in der Allgemeinbevölkerung, schwankt die Prävalenz von Suizidgedanken und -ideen in der Perinatalzeit bei Müttern zwischen 5 und 14 % (Orsolini et al., 2016). Eine dänische nationale Registerstudie weist darauf hin, dass Suizidversuche in diesem jungen Alter des Kindes gravierende Folgen haben. Die Folgen auf die psychische Gesundheit der Kinder sind in diesem Alter wesentlich schwerwiegender, als wenn diese bei Eltern von Kinder älteren Alters durchgeführt werden. In der Studie wurden die elterlichen Suizidversuche, mit den späteren Suizidversuchen der Kinder als Jugendliche (13 bis 25 Jahre) in Verbindung gebracht. Die Exposition dieses Ereignisses in frühen Entwicklungsphasen vor dem 2. Lebensjahr war mit den höchsten Raten von späteren Suizidversuchen bei Jugendlichen und jungen Erwachsenen verbunden. Obwohl ein Suizidversuch beider Eltern einen Einfluss hatte, war ein Suizidversuch der Mutter noch belastender als der eines Vaters (Ranning et al., 2022).

8.2 Eltern-Kind-Beziehung

Der Zusammenhang zwischen der psychischen Gesundheit der Mutter sowie dem Vater und der emotionalen Entwicklung des Kindes ist seit vielen Jahren klar belegt (Pires et al., 2020). Bereits während der Schwangerschaft kann die Bindung zum ungeborenen Kind durch das Vorhandensein einer mütterlichen Psychopathologie, insbesondere bei posttraumatischem Stress, beeinträchtigt sein, was sich auf die Entwicklung des Kindes auswirkt (Sancho-Rossignol et al., 2018). Es ist bekannt, dass Mütter und auch Väter mit psychischen Störungen postpartal größere Schwierigkeiten haben, adäquate Interaktionen mit ihren Kindern zu unterhalten (Giallo et al., 2014; Schechter et al., 2010). Es ist dank einer Vielzahl wissenschaftlicher Studien belegt, dass die Qualität der Eltern-Kind-Bindung eine entscheidende Rolle bei der emotionalen Entwicklung des Kindes und seiner psychischen Gesundheit spielt und der mütterlichen psychischen Gesundheit dabei eine wichtige Rolle zukommt (Dollberg, Feldman, & Keren, 2010; Easterbrooks, Bureau, & Lyons-Ruth, 2012). Daher ist es unbestritten, dass frühe Interventionen in der Perinatalperiode für die allgemeine »Public Health« von entscheidender Bedeutung sind. Dies ist ein Faktum, das insbesondere in Zeiten finanzieller Optimierungen im Gesundheitssystem nicht genug betont werden kann, insbesondere da diese Leistungen häufig präventiven Character haben und in einigen Ländern nicht direkt abrechenbar sind (Foster & Jones, 2006; Reynolds et al., 2011).

8.3 Die Psychopathologie der Mutter über die postpartale Phase hinaus und die Resilienz des Kindes

Eine durchgeführte Metaanalyse ergab, dass Kinder von Eltern mit schweren psychischen Störungen (Rasic et al., 2014) eine 32%ige Wahrscheinlichkeit hatten, im Erwachsenenalter (> 20 Jahre) eine schwere psychische Störung zu entwickeln – ein somit verdoppeltes Risiko im Vergleich zur Durchschnittsbevölkerung. Interessanterweise wiesen Kinder erkrankter Eltern eine mehr als dreimal so hohe Inzidenzrate derselben Störung wie das erkrankte Elternteil auf, aber auch ein doppelt so hohes Risiko für andere schwere psychische Störungen. Dies mag in erster Linie einen Zusammenhang mit den ähnlichen oder unterschiedlichen Mustern der genetischen Vulnerabilität haben, aber auch mit den verschiedenen sozio-ökonomischen Faktoren, die sich zwischen diesen Populationen häufig unterscheiden (Repetti, Taylor & Seeman, 2002).

8.3.1 Schizophrenie

Es gibt nur wenige Studien, die sich mit der Qualität der frühen Mutter-Kind-Beziehung bei Frauen mit Schizophrenie befasst haben, und das Wissen über diesen Lebensabschnitt ist daher eher spärlich, auch weil weniger Erwachsene mit einer Schizophrenie selbst Kinder bekommen. In eine Registerstudie zeigten Männer, die unter einer Schizophrenie leiden, die geringste Fertilität, gefolgt von Frauen mit Schizophrenie, während Personen mit bipolaren Störungen und Depressionen höhere Raten zeigten (Laursen & Munk-Olsen, 2010). Es findet somit ein Selektionsprozess statt, bei dem Personen mit schwereren Störungen seltener Eltern werden. Es zeigte sich auch, dass die Fruchtbarkeit anstieg, in Assoziation mit der Zeit seit dem Auftreten der Störung.

In einer Interviewuntersuchung gaben Eltern mit einer Psychose an, unter störungsbedingten Depressionen, Müdigkeit und Aufmerksamkeitsdefiziten zu leiden, die den elterlichen Schutz, die Gegenseitigkeit, die Kontrolle und die Routinen für die Kinder beeinträchtigen können (Strand, Boström & Grip, 2020). Eine Studie (»strange situation«) hat bei 12 Monate alten Babys gezeigt, dass Kinder von schizophrenen und depressiven Frauen mehr ängstliche Bindungsmuster haben als die Kinder der Kontrollpersonen (D'Angelo, 1986). Obwohl eine frühe Studie im ersten Lebensjahr des Kindes einen verminderten Sozialkontakt beim Stillen, einen verminderten Körperkontakt beim Spielen sowie eine erhöhte Anspannung sowie Unsicherheit und eine verminderte Spontaneität seitens der Mutter festgestellt hat (Näslund et al., 1985), stellen neuere Studien eher die Kompensation seitens der erkrankten Eltern in den Vordergrund. Eine neuere qualitative Studie untersuchte »expressed emotions« in dieser Gruppe von Eltern und fand, dass die Eltern im Allgemeinen ein hohes Maß an Wärme zeigen. Diese Eltern hatten ein großes Interesse daran, ihre Kinder zu schützen, ihnen das Gefühl geben zu wollen, eine normale Familie zu sein. Sie unterstrichen aber auch die reziproke Beziehung zwischen elterlichem Stress und psychotischen Symptomen, wobei psychotische Symptome die Parentalität beeinflussen, aber auch der Stress der Elternschaft zur Exazerbation psychotischer Symptome führen kann (Radley, Barlow & Johns, 2022).

Es ist jedoch ein wichtiger und nicht zu unterschätzender Faktor, dass Co-Eltern, die Kinder mit einem:r Partner:in mit Schizophrenie (oder bipolarer Störung) haben, häufiger selbst auch Kriterien für eine psychische Störung erfüllten und ein schlechteres soziales Verhalten aufweisen als Co-Eltern, die Kinder mit einem:r Partner:in ohne eine schwerwiegende psychische Erkrankung (engl »assortative mating«). Zudem zeigten in unserer Studie Co-Eltern, die Kinder mit einem:r Partner:in mit Schizophrenie hatten, Schwächen in gewissen neuropsychologischen Funktionen (Verarbeitungsgeschwindigkeit) im Vergleich zu Eltern in der Kontrollgruppe (Greve et al., 2021). Die in dieser Studie festgestellte nicht zufällige Paarung hat damit auch Auswirkungen auf das Aufwachsen der Kinder.

8.3.2 Bipolare Störung

Die bipolare Störung (BPD) ist als die gravierendste affektive Störung mit den wechselnden Phasen manischer Hochstimmung und Depressionen eine schwere Belastung für die betroffene Person, deren Parentalität und eine große Herausforderung für diejenigen Kinder, deren Elternteil an dieser Erkrankung leidet. Der Zuwachs an Energie, Ideen und Tatendrang sowie der allgemeine Mangel an Hemmungen und eine Überschätzung der eigenen Fähigkeiten während der manischen Phasen können die Beziehung zum Kind ebenso beeinflussen wie Symptome wie Niedergeschlagenheit, Traurigkeit, Energiemangel und geringes Selbstwertgefühl in den depressiven Phasen der Erkrankung (D'Angelo, 1986). Das Risiko, im Laufe des Lebens eine bipolare Störung zu entwickeln, liegt bei 1 %, steigt aber auf 6 %, wenn ein Elternteil an einer bipolaren Störung leidet. Wenn beide Elternteile an einer bipolaren Störung leiden, liegt das Risiko, eine bipolare Störung zu entwickeln, bei 25 % und das allgemeine Risiko, psychiatrische Schwierigkeiten zu entwickeln, bei 44 bis 60 % (Gottesman et al., 2010).

Obwohl bekannt ist, dass Familien mit einer elterlichen Psychopathologie generell eine höhere Konfliktintensität, weniger Zusammenhalt und eine geringere Anpassungsfähigkeit aufweisen, unterschieden sich Familien mit einem Elternteil mit BPD hinsichtlich dieser Faktoren nicht von Eltern mit einer anderen psychischen Erkrankung (Shalev et al., 2019), was bedeutet, dass jede elterliche Psychopathologie eine große Herausforderung für den Familienzusammenhalt darstellen kann. Studien zu Merkmalen der Familienfunktion im Zusammenhang mit dem Risiko psychiatrischer Störungen bei Kindern von Eltern mit BPD ergaben, dass Familien mit einem Elternteil mit BPD ein niedrigeres (von den Eltern berichtetes) Kohäsionsniveau aufwiesen als Familien ohne elterliche psychiatrische Störungen, und dass ein niedriges familiäres Kohäsionsniveau eine Mediatorrolle für das Risiko der Entwicklung einer affektiven Störung bei Kindern von Eltern mit BPD spielt (Lau et al., 2018). Andere wichtige kausale Faktoren sind ein höheres Konfliktniveau (Schudlich et al., 2018), eine von den Eltern berichtete höhere Disziplin (Petti et al., 2004), ein niedriges Niveau an elterlicher Wärme (Lau et al., 2018) und an Struktur, Kontrolle und Unterstützung (Iacono et al., 2018) sowie eine wahrgenommene Vernachlässigung in der Kindheit durch die Mutter (Doucette et al., 2016).

Anhand einer großangelegten dänischen Studie konnten wir feststellen, dass die Tatsache, ein Elternteil mit einer Schizophrenie zu haben, einen negativen Einfluss auf das familiäre Umfeld hatte, während das familiäre Risiko für eine bipolare Störung keinen signifikanten Vorhersagewert zeigte. Die Tatsache, dass ein Elternteil Alleinerziehende:r war, und die Tatsache, dass das Kind im Alter von 4 bis 7 Jahren schwerwiegende Lebensereignisse erlebte, hatten jedoch einen signifikant negativen Einfluss auf die Entwicklung des Kindes, nicht jedoch die Tatsache, dass bei dem Kind selbst eine psychische Krankheit diagnostiziert wurde. Als positive Prädiktoren für das familiäre Umfeld erwiesen sich die Tatsache, dass es sich um eine weibliche Betreuungsperson handelte, das diese gute soziale Fähigkeiten hatte und nicht die alleinige Bezugsperson war sowie ein höherer IQ des Kindes. Interessanterweise waren diese negativen wie auch positiven Prädiktoren ähnlich in der

Gruppe der Eltern mit einer schwerwiegenden psychiatrischen Diagnose und der Kontrolleltern ohne Diagnose (Thorup et al., 2022).

8.4 Behandlung (Therapeutische Interventionen)

8.4.1 Spezielle Behandlungsansätze während der Perinatalperiode

Die perinatale psychiatrische Versorgung aufgrund von mütterlicher Psychopathologien sollte in der Perinatalperiode nach einem gemeinsamen Behandlungsmodell zwischen Psychiatrie und Kinder- und Jugendpsychiatrie organisiert werden (Morisod Harari et al., 2021). Der:die Psychiater:in wird in erster Linie den psychischen Zustand der Mutter beurteilen, während der:die Kinder- und Jugendpsychiater:in sich vor allem der Beobachtung und Einschätzung der elterlichen Kompetenzen, der »Investition« in das Kind, der Qualität der partnerschaftlichen Unterstützung, der mentalen Repräsentationen des Kindes sowie der Qualität der Eltern-Baby-Interaktionen widmet. Neben der Diagnostik schlägt der:die Kinder- und Jugendpsychiater:in psychotherapeutische Maßnahmen vor, um die elterlichen Vorstellungen zu berücksichtigen, die Begegnung mit dem Kind zu unterstützen und den Aufbau der ersten Eltern-Kind-Bindung zu stärken. Der:die Psychiater:in und der:die Kinder- und Jugendpsychiater:in arbeiten eng zusammen, tauschen ihre Ansichten aus und berücksichtigen die Dyade (Mutter-Kind) oder die Triade (Mutter-Vater-Kind), wobei sie darauf achten, dass es nicht zu einer Spaltung kommt. Es kann zuweilen vorkommen, dass alle beteiligten Fachleute nur die Perspektive ihrer Patient:innen betrachten, d. h. die Frau für den:die Psychiater:in und das Kind für den:die Kinder- und Jugendpsychiater:in.

Bei chronischen mütterlichen Psychopathologien sollte es darum gehen, die betroffenen Kinder langfristig kinder- und jugendpsychiatrisch/psychotherapeutisch zu betreuen, um eine gute psycho-emotionale Entwicklung der Kinder zu gewährleisten, um präventiv zu wirken und um therapeutische oder unterstützende Maßnahmen einleiten zu können, von denen sie profitieren könnten.

8.4.2 Betreuung und Resilienz des Kindes

Psychische Erkrankungen der Eltern werden innerhalb der Familie oft verschwiegen, wodurch das damit verbundene Stigma von einer Generation zur nächsten weitergegeben wird. Programme, die sich an die gesamte Familie richten, sollten vermehrt entwickelt und getestet werden, um diesen seit Jahrzehnten bekannten und tradierten Verlauf in vielen Familien zu ändern. Diese resilienzfördernden Programme können auch eine wichtige Rolle spielen für Kinder und Jugendliche, die andere Widrigkeiten in ihrem Heranwachsen erlebt haben. Die Ausbildung und

Unterstützung der Eltern im Rahmen des Genesungsansatzes, die Zusammenarbeit der Erwachsenen- und Kinderpsychiatrie mit dem Primärsektor, die systematische Psychoedukation der Familie sowie die soziale, finanzielle und praktische Unterstützung sind Aspekte, die das Funktionieren der gesamten Familie verbessern und die Resilienz gefährdeter Kinder stärken können, besonders in Zeiten, in denen die Krise ein schon marginales System zur Eskalation führen kann (Stracke et al., 2023).

Es gibt einige Artikel, die den Gesamteffekt eines frühen und präventiven Ansatzes untersuchen, aber im Allgemeinen sind die Effektgrößen klein und es gibt noch einen Mangel an Wissen über viele Aspekte (Siegenthalier, Munder & Egger, 2012). Die kanadische Studie »Families Overcoming Risks and Building Opportunities for Well-Being« (FORBOW), zielt darauf ab, Familien mit schweren psychischen Erkrankungen jeglicher Art eine Intervention in Form von kognitiver Therapie und Psychoedukation anzubieten (Uher et al., 2014). Ein wichtiger Aspekt besteht darin, dass diese präventiven Maßnahmen und Ansätze sich auf therapeutische Interventionen beschränken, die keine potenziellen Nebenwirkungen oder Nachteile für die Teilnehmer:innen haben. Darüber hinaus sind solche Ansätze in der Regel »lösungsorientiert«, und zwar in einer Logik, in der die Lösungen gemeinsam mit den Familien erarbeitet werden können (Müller et al., 2019).

8.5 Schlusswort

Die Schwangerschaft und die Geburt eines Kindes stellen Schlüsselmomente im Leben einer Frau und ihres Partners oder auch Partnerin dar. Diese Zeit bringt unweigerlich den Zugang zu allgemeiner medizinischer Versorgung in einem besonderen physiologischen Kontext mit sich. Für Fachkräfte im perinatalen Bereich ist dies eine Gelegenheit, mit Menschen in Kontakt zu kommen, die psychosozial belastet sind. Die Mutterschaft bietet oft gleichsam eine »Eingangspforte«, um Patientinnen, die bislang unwillig oder unerreichbar waren, schon vor der Geburt eine Behandlung zu ermöglichen.

Als Spezialist:in für die psychische Betreuung von Kindern in der Perinatalperiode tätig zu werden, bietet daher eine große Chance für die öffentliche Gesundheit und die Prävention. Ein:e in der Perinatalmedizin ausgebildete:r Kinder- und Jugendpsychiater:in kann sein:ihr Fachwissen einbringen, indem er:sie sich sowohl um das ungeborene oder neugeborene Kind als auch um dessen Eltern und die Qualität der Eltern-Kind-Interaktion kümmert. Es ist auch wichtig, daran zu erinnern, dass die Geburt eines Kindes oftmals auch die Gelegenheit bietet, dass Eltern, die sich in einer fragilen Situation befinden, motiviert sind, eine psychiatrische oder psychotherapeutische Behandlung für sich selbst zu beginnen, was wiederum eine gute therapeutische Allianz fördert, die für eine psychotherapeutische Behandlung unerlässlich ist. Die Pflege werdender Eltern ist daher eine hervorragende Gelegenheit, das Kind bestmöglich zu betreuen und zu verhindern, dass das Kind und seine Familie in der Zukunft psychische Probleme bekommen werden.

Viele Initiativen im späteren Kindesalter betonen die Bedeutung der Schulung und Unterstützung der elterlichen Fähigkeiten, der Psychoedukation, der Verringerung der Auswirkungen kognitiver Behinderungen und der Bereitstellung von praktischer, finanzieller und rechtlicher Unterstützung (Pierce et al., 2020).

Literatur

Bydlowski M (1991) La transparence psychique de la grossesse. *Études freudiennes, 32,* 135–42
Bydlowski M & Golse B (2001) De la transparence psychique à la préoccupation maternelle primaire. Une voie de l'objectalisation. *Le Carnet Psy, 63,* 30–33/3
D'Angelo EJ (1986) Security of Attachment in Infants with Schizophrenia, Depressed and Unaffected Mothers. *Journal of Genetic Psychology, 147*(3), 421–2
Dollberg D, Feldman R & Keren M (2010) Maternal representations, infant psychiatric status, and mother-child relationship in clinic-referred and non-referred infants. *Eur Child Adolesc Psychiatry, 19*(1), 25–36
Doucette S, Levy A, Flowerdew G, Horrocks J, Grof P, Ellenbogen M & Duffy A (2016) Early parent–child relationships and risk of mood disorder in a C anadian sample of offspring of a parent with bipolar disorder: findings from a 16-year prospective cohort study. *Early intervention in psychiatry, 10*(5), 381–389
Easterbrooks MA, Bureau JF & Lyons-Ruth K (2012) Developmental correlates and predictors of emotional availability in mother-child interaction: a longitudinal study from infancy to middle childhood. *Dev Psychopathol, 24*(1), 65–78
Foster EM & Jones D (2006) Can a costly intervention be cost-effective?: An analysis of violence prevention. *Arch Gen Psychiatry, 63*(11), 1284–1291.
Giallo R, Cooklin A, Wade C, D'Esposito F & Nicholson JM (2014) Maternal postnatal mental health and later emotional-behavioural development of children: the mediating role of parenting behaviour. *Child Care Health Dev, 40*(3), 327–36
Gottesman II, Laursen TM, Bertelsen A & Mortensen PB (2010) Severe Mental Disorders in Offspring With 2 Psychiatrically Ill Parents. *Archives of General Psychiatry, 67*(3), 252–7.
Greve AN, Uher R, Als TD, Jepsen JRM, Mortensen EL, Gantriis DL, Ohland J, Burton BK, Ellersgaard D, Christiani CJ, Spang KS, Hemager N, Plessen KJ, Thorup AAE, Bliksted V, Nordentoft M & Mors O (2021) A Nationwide Cohort Study of Nonrandom Mating in Schizophrenia and Bipolar Disorder. *Schizophr Bull, 47*(5), 1342–1350
Iacono V, Beaulieu L, Hodgins S & Ellenbogen MA (2018) Parenting practices in middle childhood mediate the relation between growing up with a parent having bipolar disorder and offspring psychopathology from childhood into early adulthood. *Development and psychopathology, 30*(2), 635–649
Lau P, Hawes DJ, Hunt C, Frankland A, Roberts G, Wright A, Costa DSJ & Mitchell PB (2018) Family environment and psychopathology in offspring of parents with bipolar disorder. *Journal of affective disorders, 226,* 12–20.
Laursen TM & Munk-Olsen T (2021) Reproductive patterns in psychotic patients. *Schizophr Res., 121*(1–3), 234–40
Lebovici S (1989) La psychiatrie du nourrisson et la pathologie des interactions précoces. In *Psychopathologie du bébé* (pp. 317–321). Paris: PUF
Lebovici S & Stoléru S (1994) *Le nourrisson, la mère et le psychanalyste: les interactions précoces* [the infant, the mother and the psychoanalyst: early interactions]. Paris: Bayard
McNeil TF, Näslund B, Persson-Blennow I & Kaij L (1985) Offspring of Women with nonorganiz Psychosis – Mother-Infant Interaction at 3 1⁄2 and 6 Months of Age. *Acta Psychiatrica Scandinavica, 71*(6), 551–8

Morisod Harari M, Delli Noci C, Cheseaux JJ, Legardeur H, Yersin A, Plessen KJ & Schechter DS (2021) Psychiatrie périnatale : articulation des soins psychiatriques périnataux au sein de la maternité du CHUV en cas de psychopathologie parentales : le rôle du pédopsychiatre de liaison. *Paediatrica, 32*(2)

Müller AD, Gjøde ICT, Eigil MS et al. (2019) VIA Family—a family-based early intervention versus treatment as usual for familial high-risk children: a study protocol for a randomized clinical trial. *Trials 20*, 112

Nanzer N (2009) *La Dépression postnatale: sortir du silence.* Favre

Näslund B, Persson-Blennow I, McNeil TF & Kaij L (1985) Offspring of Women with Non-organic Psychosis – Mother-Infant Interaction at 3 and 6 Weeks of Age. *Acta Psychiatrica Scandinavica, 71*(5), 441–50

O'Hara MW & Wisner KL (2014) Perinatal mental illness: definition, description and aetiology. *Best Pract Res Clin Obstet Gynaecol, 28*(1), 3–12

Orsolini L, Valchera A, Vecchiotti R, Tomasetti C, Iasevoli F, Fornaro M et al. (2016) Suicide during perinatal period: epidemiology, risk factors, and clinical correlates. *Frontiers in Psychiatry, 7*(13)

Paschetta E, Berrisford G, Coccia F, Whitmore J, Wood AG, Pretlove S & Ismail KM (2013) Perinatal psychiatric disorders: an overview, *American Journal of Obstetrics and Gynecology, 210*(6), 501–506

Pierce M, Abel KM, Muwonge J, Wicks S, Nevriana A, Hope H, Dalman C & Kosidou K (2020) Prevalence of parental mental illness and association with socioeconomic adversity among children in Sweden between 2006 and 2016: a population-based cohort study. *Lancet Public Heal, 5*(11), e583–91.

Pires AJ, de Matos MB, Scholl CC, Trettim JP, Coelho FT, da Cunha Coelho FM, Pinheiro, KAT, Pinheiro RT & de Avila Quevedo L (2020). Prevalence of mental health problems in preschoolers and the impact of maternal depression. *Eur Child Adolesc Psychiatry, 29*(5), 605–616

Petti T, Reich W, Todd RD, Joshi P, Galvin M, Reich T, Raymond DePaulo J & Nurnberger J (2004) Psychosocial variables in children and teens of extended families identified through bipolar affective disorder probands. *Bipolar Disord, 6*(2), 106–14

Ranning A, Uddin M, Sørensen H, Laursen T, Thorup A, Madsen T, Nordentoft M & Erlangsen A (2022) Intergenerational transmission of suicide attempt in a cohort of 4.4 million children. *Psychological Medicine, 52*(14), 3202–3209

Radley J, Barlow J & Johns LC (2022) The Needs and Experiences of Parents with Psychosis: A Qualitative Interview Study. *J Child Fam Stud, 32,* 2431–2443. doi.org/10.1007/s10826-022-02409-8

Repetti RL, Taylor SE & Seeman TE (2002) Risky families: Family social environments and the mental and physical health of offspring. *Psychological Bulletin, 128*(2), 330–366

Reynolds AJ, Temple JA, White BA, Ou SR & Robertson DL (2011) Age 26 cost-benefit analysis of the child-parent center early education program. *Child Dev, 82*(1), 379–404

Sancho-Rossignol A, Schilliger Z, Cordero MI, Rusconi Serpa S, Epiney M, Hüppi P, Ansermet F & Schechter DS (2018). The Association of Maternal Exposure to Domestic Violence During Childhood With Prenatal Attachment, Maternal-Fetal Heart Rate, and Infant Behavioral Regulation. *Front Psychiatry, 9,* 358

Schechter DS, Willheim E, Hinojosa C, Scholfield-Kleinman K, Turner JB, McCaw J, Zeannah CH & Myers MM (2010). Subjective and objective measures of parent-child relationship dysfunction, child separation distress, and joint attention. *Psychiatry, 73*(2), 130–144

Schudlich T, Rocher D, Ochrach C & Youngstrom E (2018, March) Youths' usage of and response to criticism in the family: predictors of pediatric bipolar symptomology. *Bipolar Disorders, 20,* 68–68

Shalev A, Merranko J, Goldstein T, Miklowitz DJ, Axelson D, Goldstein BI, Brent D, Monk K, Hickey MB, Hafeman DM, Sakolsky D, Diler R & Birmaher B (2019) A Longitudinal Study of Family Functioning in Offspring of Parents Diagnosed With Bipolar Disorder. *J. Am. Acad. Child Adolesc. Psychiatry, 58*(10), 961–970

Siegenthaler E, Munder T & Egger M (2012) Effect of preventive interventions in mentally ill parents on the mental health of the offspring: systematic review and meta-analysis. *J Am Acad Child Adolesc Psychiatry, 51*(1), 8–17

Stracke M, Heinzl M, Müller AD, Gilbert K, Thorup AAE, Paul JL & Christiansen H (2023) Mental Health Is a Family Affair—Systematic Review and Meta-Analysis on the Associations between Mental Health Problems in Parents and Children during the COVID-19 Pandemic. *Int. J. Environ. Res. Public Health, 20*, 4485

Strand J, Boström P & Grip K (2020) Parents' Descriptions of How Their Psychosis Affects Parenting. *J Child Fam Stud, 29*, 620–631

Thorup AAE, Gantriis DL, Greve AN et al. (2022) Exploring protective and risk factors in the home environment in high-risk families – results from the Danish High Risk and Resilience Study—VIA 7. *BMC Psychiatry 22*, 100

Uher R, Cumby J, MacKenzie LE, Morash-Conway J, Glover JM, Aylott A et al. (2014) A familial risk enriched cohort as a platform for testing early interventions to prevent severe mental illness. *BMC Psychiatry, 14*(1), 344

Winnicott D (1975) La préoccupation maternelle primaire. In *De la pédiatrie à la psychanalyse*. Paris (168–174)

Zeanah CH & Anders TF (1987) Subjectivity in parent-infant relationships: A discussion of internal working models. *Infant mental health journal, 8*(3), 237–250

9 Traumata und Traumafolgestörungen

Anne Guhn

Frauen weisen in repräsentativen Untersuchungen zwei- bis dreimal höhere Prävalenzraten von Traumata und Traumafolgestörungen auf. Die posttraumatische Belastungsstörung (PTBS) ist dabei die spezifischste, wenngleich nicht die einzige Folge traumatischer Ereignisse. In diesem Kapitel wird zunächst ein Überblick über die Häufigkeit und Art von Traumatisierungen referiert. Anschließend wird auf die Entstehung von Traumafolgestörungen vor dem Hintergrund der aktualisierten Nomenklatur Trauma- und Stressassoziierter Störungen in der 11. Version der Internationalen Klassifikation von Krankheiten (ICD-11) eingegangen. Der dritte Abschnitt widmet sich der Behandlung von Traumafolgestörungen und den dabei zu überwindenden Herausforderungen zur Umsetzung der aktuellen Leitlinienempfehlungen.

9.1 Traumata

Weltweit wird jede dritte Frau in ihrem Leben Opfer sexueller Gewalt; über die Hälfte entwickelt eine Posttraumatische Belastungsstörung (PTBS), nur knapp ein Drittel von ihnen sucht diesbezüglich professionelle Unterstützung (Li et al., 2023). Diese Prävalenzraten sind das Ergebnis einer aktuellen Metaanalyse aus 32 Studien durchgeführt in Nordamerika, Europa, Asien, Lateinamerika und Asien. Sie umfasst fast 75.000 untersuchte Frauen.

Mädchen und Frauen weisen insgesamt ein höheres Risiko für Traumatisierungen auf. So erleben weltweit beispielsweise neun von 100 Mädchen unter 18 Jahren sexualisierte Gewalt (im Vergleich: drei von 100 Jungen, Barth et al., 2013). Opfer von sexualisierter Gewalt in der Kindheit tragen ein höheres Risiko, im Erwachsenenalter erneut sexuelle Traumatisierung zu erfahren (Werner et al., 2016). Auch in Deutschland ist Kindesmisshandlung weit verbreitet. Ein Drittel der befragten Frauen und Männer einer repräsentativen Stichprobe (n=2510) geben retrospektiv mindestens eine Form von erlebter mindestens moderater Kindesmisshandlung an, wobei körperliche Vernachlässigung die am häufigsten berichtete Form der Traumatisierung darstellt (Witt et al., 2017). Frauen weisen ein signifikant größeres Risiko für sexuellen und emotionalen Missbrauch in der Kindheit auf als Männer (Witt et al., 2017). Auch im Erwachsenenalter werden Frauen öfter Opfer von Traumatisierungen. Laut kriminalstatistischer Auswertung des Bundeskriminalamts zu partnerschaftlicher Gewalt waren 2021 in Deutschland in 80,3 % der zur Anzeige gebrachten Fälle Frauen die Opfer (BKA, 2021).

Neben der höheren Wahrscheinlichkeit, ein Trauma zu erleben, ist das weibliche Geschlecht weiterhin mit einem höheren Risiko belastet, in Folge eines traumatischen Ereignisses eine psychische Erkrankung zu entwickeln. Dabei ist die PTBS die spezifischste, aber nicht die einzige psychische Erkrankung. Häusliche Gewalt geht beispielsweise mit einem zwei- bis dreifach erhöhten Risiko für Depression und PTBS einher, das Risiko für Suizidalität ist gegenüber Frauen, die keine Gewalt innerhalb ihrer Partnerschaft erleben, bis zu fünffach erhöht (White et al., 2023). Erhebungen unter Sexarbeiterinnen ermittelten hohe Prävalenzen für Suizidversuche (27 %), Depression (44 %) und PTBS (29 %) (Millan-Alanis et al., 2021). Aber auch ohne eine geschlechtsspezifisch erhöhte Prävalenz von Traumatisierungen lässt sich eine größere Vulnerabilität von Frauen für die Entstehung gesundheitlicher Folgen nach belastenden Erlebnissen aufzeigen. So ermittelte eine aktuelle Metaanalyse unter Angestellten im Gesundheitssystem während der Covid-19-Pandemie, dass Frauen gegenüber ihren männlichen Kollegen eine signifikant höhere Prävalenz für Depression (Odds ratio=1.4), Angst (OR=1.5), PTBS (OR=1.5) und Insomnie (OR=1.4) (Lee et al., 2023) aufweisen.

Geschlechtsspezifische Gewalt ist eine Menschenrechtsverletzung mit weitreichenden individuellen und gesellschaftlichen Konsequenzen. So hält die Angst vor verbaler und physischer Gewalt Mädchen in ärmeren Ländern und Kriegsregionen davon ab, zur Schule zu gehen und sich am öffentlichen Leben zu beteiligen (Ozcuremec, 2022). Internationale politische Initiativen zur Bekämpfung geschlechtsspezifischer Gewalt sind damit ein wesentliches und notwendiges Mittel zur Prävention von Gewalt und Unterdrückung auf dem Weg zur Gleichstellung von Frau und Mann.

> »Frauen vor allen Formen von Gewalt zu schützen und Gewalt gegen Frauen und häusliche Gewalt zu verhüten, zu verfolgen und zu beseitigen« (Art. 1a zum Zweck der sog. Istanbul-Konvention)

Mit der Ratifizierung der Europaratskonvention zur Verhütung und Bekämpfung von Gewalt gegen Frauen und häuslicher Gewalt (»Istanbul-Konvention« genannt) haben sich derzeit 38 Staaten verpflichtet, konsequent gegen Gewalt an Frauen und Mädchen vorzugehen, geschlechtsspezifische Gewalt zu bekämpfen und die Rechte von Gewaltbetroffenen auf Unterstützung und Schutz durchzusetzen. Die Konvention ist seit 1. Februar 2018 geltendes Recht in Deutschland. Ihre Umsetzung verpflichtet zu einer Vielzahl an staatlichen Maßnahmen in den Bereichen Prävention, Intervention, Schutz und Sanktion.

> Seit 1. März 2020 haben Betroffene sexualisierter oder schwerer körperlicher Gewalt in Deutschland einen gesetzlichen Anspruch auf eine vertrauliche Spurensicherung als Leistung der gesetzlichen Krankenversicherung (§27 und §132k, SGB V). Sie umfasst die Dokumentation, Laboruntersuchungen und Aufbewahrung von Befunden für mindestens ein Jahr, so dass Betroffene Bedenkzeit

erhalten, eine an ihnen verübte Tat zur Anzeige zu bringen. Die medizinische und psychosoziale Versorgung ist dagegen nicht gesetzlich verankert, was u. a. vom Bundesverband Frauenberatungsstellen und Frauennotrufe als Verstoß gegen die Istanbul-Konvention angemahnt wird (bff, 2022).

9.2 Traumafolgestörungen

Die Einführung der seit 1. Januar 2019 international geltenden 11. Version der Klassifikation von Erkrankungen (ICD-11), herausgegeben von der Weltgesundheitsorganisation, hat eine Reihe von umfangreichen Änderungen im Bereich der Traumafolgestörungen mit sich gebracht. Eine wesentliche Neuerung umfasst die Einführung eines neuen Kapitels zu »Stress-assoziierten Störungen«, welche die vier Diagnosen PTBS, komplexe PTBS, anhaltende Trauerstörung und Anpassungsstörung für den Erwachsenenbereich (▶ Tab. 9.1) sowie die reaktive Bindungsstörung und die Bindungsstörung mit sozialer Enthemmung als Diagnosen des Kindesalters zusammenfasst. Bei der komplexen PTBS und der anhaltenden Trauerstörung handelt es sich um neu eingeführte Diagnosen, die bislang nicht als eigenständige Störungsbilder in den Klassifikationssystemen vertreten waren oder vormals unter andere Bereiche subsumiert waren, wie z.B. die andauernde Persönlichkeitsänderung nach Extrembelastung (F62.0 im ICD-10, jetzt kPTBS) unter den Persönlichkeits- und Verhaltensstörungen. Das DSM-5 hat die kPTBS nicht als eigenständige Diagnose definiert, hat jedoch in der aktuellen Version die Kriterien der PTBS durch ein zusätzliches Kriterium D (negative Veränderungen von Kognitionen und Emotionen) so verändert, dass darin die Symptome der kPTBS abgebildet werden können. Weiterhin definiert das DSM-5 einen Subtyp mit dissoziativen Symptomen, bei dem zusätzlich zur PTBS-Symptomatik Depersonalisations- oder Derealisationssymptome vorhanden sind.

Die Übereinstimmungsraten der verschiedenen Diagnosesysteme liegen für die PTBS und die kPTBS im Bereich von zwei Drittel bis 90 %, wobei in der Mehrzahl der vorliegenden Studien unter Nutzung des ICD-11 geringere Diagnosen ermittelt wurden als mit dem ICD-10 (Maercker & Eberle, 2022). Dies liegt z. B. daran, dass die Kriterien für ein Wiedererleben des Traumas aktuell enger definiert werden.

Tab. 9.1: Übersicht über die Diagnosekriterien der »Stress-assoziierten Störungen« im ICD-11.

ICD-11 Diagnosen	Diagnosekriterien

Posttraumatische Belastungsstörung (PTBS)	• Ereigniskriterium: Ereignis außergewöhnlicher Bedrohung oder katastrophalen Ausmaßes
	• Symptomgruppen:
	   1. Wiedererleben (z. B. Flashbacks und Alpträume)
	      Neuerung zum ICD-11: Intrusionen gehören nicht

Tab. 9.1: Übersicht über die Diagnosekriterien der »Stress-assoziierten Störungen« im ICD-11. – Fortsetzung

ICD-11 Diagnosen	Diagnosekriterien
	mehr zu den Symptomen, da diese auch bei traumatisierten Personen ohne PTBS auftreten 2. Vermeidung von mit dem Trauma assoziierter Gedanken, Gefühle, Situationen oder Personen 3. Anhaltende Wahrnehmung einer erhöhten gegenwärtigen Bedrohung (z. B. übermäßige Wachsamkeit und Schreckhaftigkeit) *Neuerung zum ICD-11: die vormals unter dem Begriff Hyperarousal zusammengefassten Symptome erhöhte Reizbarkeit, selbstzerstörerisches Verhalten, Konzentrations- und Schlafprobleme wurden entfernt* • Zeitkriterium: in der Regel innerhalb von 3 Monaten nach dem Trauma, ein verzögerter Beginn ist möglich

Komplexe PTBS	• Erweitertes Ereigniskriterium (langanhaltende oder sich wiederholende Ereignisse, denen man nur schwer oder gar nicht entkommen konnte, z. B. Folter, Sklaverei, häusliche Gewalt, sexueller oder körperlicher Missbrauch in der Kindheit)
	• drei PTBS-Symptome (s. o.)
	• drei zusätzliche Symptome (»Störungen der Selbstorganisation«):
	  1. Affektive Dysregulation
	  2. Negatives Selbstkonzept
	  3. Beziehungsstörungen

Anhaltende Trauerstörung	• Ereigniskriterium: Tod der Partnerin bzw. des Partners, eines Elternteils, eines Kindes oder einer anderen nahestehenden Person
	  1. Starke Sehnsucht bzw. anhaltendes Verlangen nach der verstorbenen Person
	  2. Präokkupationen (gedankliches Verhaftetsein)
	• Akzessorische Symptome: Schuldgefühle, Trauer, Wut, Vermeidung, emotionale Taubheit, beeinträchtigtes Identitätsgefühl
	• Zeitkriterium: mind. 6 Monate nach dem Ereignis
	• *Kultureller Vorbehalt: länger dauernde Trauerreaktionen, die im kulturellen oder religiösen Kontext normativ sind, werden nicht diagnostiziert (z. B. das katholische Trauerjahr)*

Tab. 9.1: Übersicht über die Diagnosekriterien der »Stress-assoziierten Störungen« im ICD-11. – Fortsetzung

ICD-11 Diagnosen	Diagnosekriterien

Anpassungsstörung	• Ereigniskriterium: ein oder mehrere psychosoziale Stressoren, wie z. B. Trennung, Scheidung, Krankheit, Asylverfahren
	• Kernsymptome:
	  1. Präokkupationen (gedankliches Verhaftetsein)
	  2. Anpassungsschwierigkeiten, z. B. Interessenverlust, Konzentrations- und Schlafprobleme
	• Zeitkriterium: max. 6 Monate andauernd

Anmerkung: Für alle Diagnosen gilt zusätzlich das Kriterium einer erheblichen psychosozialen Funktionsbeeinträchtigung. Dazu zählt neuerdings auch eine erhaltene Funktionsfähigkeit, wenn diese nur durch erhebliche zusätzliche Anstrengungen aufrechterhalten werden kann.

In einer bevölkerungsrepräsentativen Untersuchung in Deutschland ermittelten Maercker und Kolleg:innen (2018) eine Ein-Monats-Prävalenz von 1,5 % für die PTBS und 0,5 % für die kPTBS. Frauen waren dabei numerisch häufiger betroffen (PTBS: 1,7 % vs. 1,1 %, kPTBS: 0,7 % vs. 0,3 %, statistisch nicht signifikant), und gaben signifikant häufiger als Männer an, Opfer von Vergewaltigung oder sexuellem Missbrauch in der Kindheit geworden zu sein (Maercker et al., 2018). Die Prävalenz der PTBS ist damit geringer als im weltweiten Vergleich (Lebenszeitprävalenz: 3,9 %, Koenen et al., 2017), einerseits da sich die Wahrscheinlichkeit, mit einem traumatischen Ereignis konfrontiert zu werden, je nach untersuchter Region deutlich unterscheidet und andererseits, da die Prävalenzraten für PTBS in Abhängigkeit des Einkommens der Länder stark variieren. So ist das Risiko für eine PTBS in Ländern mit hohem Einkommen (5,0 %) verglichen mit einkommensschwachen Ländern (2,1 %) mehr als doppelt so hoch (Koenen et al., 2017). Interpersonelle Traumata (sog. man-made Traumata), z. B. Opfer einer körperlichen oder sexuellen Gewalterfahrung oder eines Bankraubs zu werden, sind mit einem signifikant höheren Risiko für die Entstehung von Traumafolgestörungen assoziiert als akzidentelle Traumata, wie beispielsweise einen Verkehrsunfall, eine Naturkatastrophe oder ein berufsbedingtes Trauma zu erleben (Forbes et al., 2014). Dementsprechend sind die vier pathogensten Traumata Gefangenschaft, Vergewaltigung, Kindesmisshandlungen einschließlich sexuellem Missbrauch und körperlicher Gewalt (Maercker et al., 2018).

Komplexe PTBS – eine kontroverse Diagnose?

Die Neueinführung der Diagnose einer komplexen PTBS im ICD-11 ist das Resultat von Vorstudien und Befragungen im Rahmen der Überarbeitung des ICD-10. Diese hatten ergeben, dass die Konzeptualisierung der PTBS als Störung auf ein in sich abgrenzbares traumatisches Ereignis (Typ-I Trauma) nicht die klinische Realität abbildet, in der Patient:innen mit wiederholten oder langanhaltenden Traumatisierungen in Kindheit und Jugend (Typ-II Traumata) oftmals komplexere und schwerere Krankheitsverläufe aufweisen. Die Einführung der kPTBS als abgrenzbares Störungsbild in der ICD-11 hat allerdings auch kontroverse Stimmen darüber ausgelöst, ob es sich bei der kPTBS tatsächlich um ein eigenes Störungsbild handelt, das von der PTBS und auch von der Borderline Persönlichkeitsstörung (BPS) abgrenzbar ist (z. B. Resick et al., 2012). Mittlerweile bestätigen eine Vielzahl von Studien die Konstruktvalidität der kPTBS. So konnte gezeigt werden, dass sich die Symptome der kPTBS spezifisch in Folge chronischer Traumata entwickeln (van der Kolk et al., 2005) und mit jüngerem Alter beim Erleben der Traumatisierung assoziiert sind (Cloitre et al., 2013). Zur differentialdiagnostischen Abgrenzung von der BPS erwiesen sich vier Symptome mittels latenter Klassenanalyse als besonders diskriminativ: a) die Furcht vor dem Verlassenwerden, b) eine wechselnde persönliche Identität, c) unstete und intensive zwischenmenschliche Beziehungen sowie d) Impulsivität sind eher der BPS zuzuordnen (Cloitre et al., 2014). Dies ist klinisch insofern bedeutsam, als dass für die kPTBS andere Behandlungsoptionen zur Verfügung stehen und empfohlen werden (▶ Kap. 9.3). Dennoch bleibt die Abgrenzung aufgrund der hohen Komorbidität zwischen BPS und PTBS (79 %) und BPS und kPTBS (55 %) schwierig (Sack et al., 2013).

9.3 Behandlung von Traumafolgestörungen

Die traumafokussierte Psychotherapie ist laut aktuell gültigen nationalen (S3-Leitlinie, Schäfer et al., 2019) und internationalen Leitlinien (z. B. American Psychological Association, APA; National Institute for Clinical Excellence, NICE) die Behandlung der ersten Wahl der PTBS. Im Unterschied zu nicht-traumafokussierten Verfahren liegt der Schwerpunkt der traumafokussierten Psychotherapie in der Verarbeitung der Erinnerung an das oder die traumatischen Ereignisse und der mit ihnen assoziierten Bedeutung. Zu den bislang hinsichtlich ihrer Wirksamkeit am besten untersuchten traumafokussierten Interventionen zählen die

- traumafokussierte Kognitive Verhaltenstherapie (TF-KVT) mit den spezifischen Ansätzen der prolongierten Exposition (Foa et al., 2014), der kognitiven Verarbeitungstherapie (König, 2012), der kognitiven Therapie nach Ehlers und Clark (Ehlers, 1999), der Narrativen Expositionstherapie (Schauer et al., 2011) sowie der Kombination aus expositionsbasierten und kognitiven Ansätzen
- sowie das Eye Movement Desensitization and Reprocessing (EMDR, Hofmann & Barre, 2014).

Traumafokussierte Ansätze sind den nicht-traumafokussierten Ansätzen in Metaanalysen deutlich überlegen (z. B. Akut-Behandlung: g=0.3, Follow-up: g=0.4;

McLean et al., 2022). Dieser klaren wissenschaftlichen Evidenz steht jedoch eine defizitäre Umsetzung der Leitlinienempfehlungen in der klinischen Praxis gegenüber (Herzog, Kaiser & de Jongh, 2023). So lag der Anteil an Patient:innen, die 2017 in Deutschland eine Richtlinienpsychotherapie erhielten, nur bei knapp 40 % (Bachmann et al., 2021) und nur jede:r zweite Verhaltenstherapeut:in schreibt sich selbst Kompetenzen zur traumafokussierten Behandlung bei Traumafolgestörungen zu (Pittig et al., 2019). Psychotherapeut:innen geben u. a. an, dass sie eine Re-Traumatisierung ihrer Patient:innen befürchten und weniger wahrscheinlich traumafokussiert arbeiten, wenn diese multiple Traumata aufweisen. Sie führen stattdessen vermehrt Stabilisierungsmethoden durch, die fälschlicherweise oftmals als Voraussetzung für eine traumafokussierte Psychotherapie erachtet werden (Murray et al., 2022). Die empirische Datenlage zur Frage einer notwendigen Stabilisierung im Vorfeld einer Traumakonfrontation ist mittlerweile allerdings eindeutig. So zeigt eine der Konfrontation vorgeschaltete Stabilisierung weder einen zusätzlichen Nutzen hinsichtlich der kurz- und langfristigen Reduktion der PTBS-Symptome noch bezüglich Dropoutraten oder Nebenwirkungen (z. B. Van Vliet et al., 2021; Oprel et al., 2021). Im Gegenteil: Bis eine nachweislich wirksame Behandlung erfolgt, vergehen auf diese Weise in der Regel Monate (Herzog et al., 2023).

> Eine Psychopharmakotherapie soll weder als alleinige noch als primäre Therapie von Traumafolgestörungen eingesetzt werden (Schäfer et al., 2014).

In der Behandlung der kPTBS liegen für traumafokussierte Methoden (TF-KVT, EMDR, alleinige Exposition) im Vergleich zur Standardbehandlung ebenfalls moderate bis hohe Effektstärken vor (Karatzias et al., 2019). Diese für die PTBS etablierten Methoden reduzieren auch bei Patient:innen mit kPTBS effektiv die PTBS-Kernsymptomatik. Für die Traumakonfrontation wird dabei meist das Trauma ausgewählt, das gegenwärtig mit den unangenehmsten und am stärksten belastenden Symptomen assoziiert ist, da die Erinnerung an dieses sog. Indextrauma in der Regel während der Exposition mit weniger belastenden Erinnerungen automatisch aktiviert wird (Bohus & Priebe, 2019). Spezifische Ansätze, die zusätzlich zu traumafokussierten Techniken auch Techniken integrieren, die an der Affektregulation und der Verbesserung der Beziehungsstörungen ansetzen, sind

- das phasenbasierte Skillstraining zur affektiven und interpersonellen Regulation (STAIR; Cloitre et al., 2002),
- die Dialektisch-Behaviorale Therapie (DBT-PTBS; Bohus et al., 2013) und
- KVT-Ansätze mit Cognitive Processing Therapy (CPT).

Sie werden in der aktuell gültigen S3-Leitlinie benannt, wenngleich die bisherige Datenlage als noch nicht ausreichend eingeschätzt wird, um spezifischere Empfehlungen zu treffen (Schäfer et al., 2019). Zusammenfassend handelt es sich bei diesen Interventionen um phasenbasierte bzw. modulare Ansätze, die zusätzlich zur Traumakonfrontation Interventionen integrieren, um die Symptomgruppen Affektdysregulation, negatives Selbstkonzept und Beziehungsstörungen zu adressieren. Beispielsweise beinhaltet STAIR Techniken zu Emotionsregulation (Wahrnehmung und Identifikation von Gefühlen, Stresstoleranz, Akzeptanz) und zu interpersonellen Problemen (Identifikation und Revision maladaptiver Schemata, Flexibilität von Erwartungen, Flexibilität im Verhalten), die aus der DBT adaptiert sind. Diese Sitzungen sind den Expositionssitzungen vorgeschaltet (STAIR/Exposure). In einer randomisiert-kontrollierten Studie an 104 erwachsenen Frauen, die in ihrer Kindheit sexuellen und/oder körperlichen Missbrauch erlebt hatten, erwies sich STAIR/Exposure gegenüber einer Expositionskombination mit supportiven Gesprächen (Support/Exposure) sowie einem Skillstraining ohne Traumaexposition (STAIR/Support) als die effektivste Behandlungsmethode hinsichtlich der Reduktion von PTBS-Symptomen, der Reduktion von Affektregulationsproblemen wie Ärger und Angst sowie der Verbesserung von interpersonellen Problemen (Cloitre et al., 2010). Für traumatisierte Patientinnen mit PTBS und komorbider BPS stehen ebenfalls effektive Interventionen zur Verfügung. So konnten in einer Gruppe von 193 Frauen mit der Diagnose einer PTBS nach sexuellem Missbrauch in der Kindheit, die komorbid mindestens drei Borderline-Kriterien aufwiesen, mit DBT-PTBS und CPT signifikante Symptomreduktionen erzielt werden (Bohus et al., 2019). Die DBT-PTBS war gegenüber der CPT hinsichtlich der Remissionsraten und der Dropoutraten (25,5% vs. 39%) leicht überlegen. Bei der DBT-PTBS werden Standard-DBT Strategien um traumaspezifische kognitive und expositionsbasierte Interventionen ergänzt. Die Auswahl der Behandlungsmodule erfolgt auf Basis von Algorithmen, bei denen vorgegeben ist, welche Intervention bei welcher Symptomatik zu welchem Zeitpunkt eingesetzt wird. Die Traumakonfrontation folgt dabei dem Prinzip der »skills-assisted exposure«, wobei Skills dazu dienen, eine Balance zwischen traumaassoziierten Erinnerungen und Gegenwartsbezug herzustellen (Bohus & Priebe, 2019).

Für die bessere Umsetzung der im Bereich der Traumafolgestörungen eindeutigen Leitlinienempfehlungen in der klinischen Praxis plädieren Herzog und Kollegen (2023) dafür, 1.) die Leitlinie bei der künftigen Überarbeitung hinsichtlich der (überschätzten) Bedeutung von Stabilisierung zu aktualisieren und die negativen Überzeugungen gegenüber traumakonfrontativen Methoden bei Therapeut:innen bereits in der Aus- und Weiterbildung gezielt(er) zu thematisieren, 2.) die Traumabehandlung in Deutschland zu flexibilisieren (z.B. Internet-basierte Psychotherapie) und zu spezifizieren (z.B. Intensivpsychotherapeutische Angebote im teilstationären Setting wie PSYTREC in den Niederlanden: van Woudenberg et al., 2018) und 3.) die Umsetzung einer datengestützten, personalisierten Zuweisung von Patient:innen zu evidenzbasierten traumafokussierten Psychotherapien (z.B. TF-KVT vs. EMDR) in der Routineversorgung zu forcieren.

Literatur

Bachmann CJ et al. (2021) Prävalenz und Versorgung der Posttraumatischen Belastungsstörung in Deutschland: Eine bundesweite Auswertung von Krankenkassendaten aus den Jahren 2008 und 2017. *Psychiatrische Praxis, 48*, 316–323

Barth J, Bermetz L, Heim E, Trelle S & Tonia T (2013) The current prevalence of child sexual abuse worldwide: A systematic review and meta-analysis. *International Journal of Public Health, 58(3)*, 469–483

Bundeskriminalamt (2021) *Partnerschaftsgewalt. Kriminalstatistische Auswertung – Berichtsjahr 2021*. www.bka.de/SharedDocs/Downloads/DE/Publikationen/JahresberichteUndLagebilder/Partnerschaftsgewalt/Partnerschaftsgewalt_2021.html?nn=63476

Bundesverband Frauenberatungsstellen und Frauennotrufe. (2022, 23. Mai). *Versorgungslücken schliessen – medizinische Behandlung nach Vergewaltigung sicherstellen [Pressemitteilung]*

Bohus M, Dyer AS, Priebe K, Krüger A, Kleindienst N, Schmahl C, Niedtfeld I & Steil R (2013) Dialectical behaviour therapy for post-traumatic stress disorder after childhood sexual abuse in patients with and without borderline personality disorder: A randomised controlled trial. *Psychotherapy and Psychosomatics, 82(4)*, 221–233. doi.org/10.1159/000348451

Bohus M, Kleindienst N, Hahn C, Müller-Engelmann M, Ludäscher P, Steil R, Fydrich T, Kuehner C, Resick PA, Stiglmayr C, Schmahl C & Priebe K (2020) Dialectical Behavior Therapy for Posttraumatic Stress Disorder (DBT-PTSD) compared with Cognitive Processing Therapy (CPT) in complex presentations of PTSD in women survivors of childhood abuse: A randomized clinical trial. *JAMA Psychiatry, 77(12)*, 1235–1245

Bohus M & Priebe K (2019) Dialektisch-behaviorale Therapie für komplexe PTBS. In A Maercker (Hrsg.) *Traumafolgestörungen* (5. Auflage, S. 331–348). Springer Verlag

Cloitre M, Koenen KC, Cohen LR & Han H (2002) Skills training in affective and interpersonal regulation followed by exposure: A phase-based treatment for PTSD related to childhood abuse. *Journal of Consulting and Clinical Psychology, 70(5)*, 1067–1074. doi.org/10.1037//0022-006x.70.5.1067

Cloitre M, Stovall-McClough KC, Nooner K, Zorbas P, Cherry S, Jackson CL, Gan W & Petkova E (2010) Treatment for PTSD related to childhood abuse: A randomized controlled trial. *The American Journal of Psychiatry, 167(8)*, 915–924

Cloitre M, Garvert DW, Brewin CR, Bryant RA & Maercker A (2013) Evidence for proposed ICD-11 PTSD and complex PTSD: A latent profile analysis. *European Journal of Psychotraumatology, 4*, 10.3402/ejpt.v4i0.20706

Cloitre M, Garvert DW, Weiss B, Carlson EB & Bryant RA (2014) Distinguishing PTSD, complex PTSD, and Borderline Personality Disorder: A latent class analysis. *European Journal of Psychotraumatology, 5*, 10.3402/ejpt.v5.25097

Ehlers A (1999) *Posttraumatische Belastungsstörung*. Göttingen: Hogrefe

Foa EB, McLean CP, Capaldi S & Rosenfield D (2013) Prolonged exposure vs supportive counseling for sexual abuse-related PTSD in adolescent girls: A randomized clinical trial. *JAMA, 310(24)*, 2650–2657

Forbes D, Lockwood E, Phelps A, Wade D, Creamer M, Bryant RA, McFarlane A, Silove D, Rees S, Chapman C, Slade T, Mills K, Teesson M & O'Donnell M (2014) Trauma at the hands of another: Distinguishing PTSD patterns following intimate and nonintimate interpersonal and noninterpersonal trauma in a nationally representative sample. *The Journal of Clinical Psychiatry, 75(2)*, 147–153

Herzog P, Kaiser T & de Jongh A (2023) Wie Mythen der traumafokussierten Psychotherapie eine adäquate Versorgung erschweren. *Psychotherapeutenjournal, 1*, 30–36

Hofmann A (2014) *EMDR Praxishandbuch zur Behandlung traumatisierter Menschen* (5. Auflage). Stuttgart: Thieme

Karatzias T, Murphy P, Cloitre M, Bisson J, Roberts N, Shevlin M, Hyland P, Maercker A, Ben-Ezra M, Coventry P, Mason-Roberts S, Bradley A & Hutton P (2019) Psychological interventions for ICD-11 complex PTSD symptoms: Systematic review and meta-analysis. *Psychological Medicine, 49(11)*, 1761–1775

Koenen K, Ratanatharathorn A, Ng L, McLaughlin K, Bromet E, Stein D, ... Kessler R (2017) Posttraumatic stress disorder in the World Mental Health Surveys. *Psychological Medicine, 47(13)*, 2260–2274

König J, Resick PA, Karl R & Rosner R (2012) *Posttraumatische Belastungsstörung. Ein Manual zur Cognitive Processing Therapy*. Göttingen: Hogrefe

Lee BEC, Ling M, Boyd L, Olsson C & Sheen J (2023) The prevalence of probable mental health disorders among hospital healthcare workers during COVID-19: A systematic review and meta-analysis. *Journal of Affective Disorders, 330*, 329–345

Li L, Shen X, Zeng G, Huang H, Chen Z, Yang J, Wang X, Jiang M, Yang S, Zhang Q & Li H (2023) Sexual violence against women remains problematic and highly prevalent around the world. *BMC women's health, 23(1)*, 196

Maercker A, Hecker T & Augsburger MKS (2018) ICD-11 prevalence rates of Posttraumatic Stress Disorder and Complex Posttraumatic Stress Disorder in a German nationwide sample. *The Journal of Nervous and Mental Disease, 206(4)*, 270–276

Maercker A & Eberle DJ (2022) Was bringt die ICD-11 im Bereich der trauma und belastungsbezogenen Diagnosen? *Verhaltenstherapie, 32*, 62–71. doi:10.1159/000524958

McLean CP, Levy HC, Miller ML & Tolin DF (2022) Exposure therapy for PTSD: A meta-analysis. *Clinical Psychology Review, 91*, 102115. doi.org/10.1016/j.cpr.2021.102115

Murray H, Grey N, Warnock-Parkes E, Kerr A, Wild J, Clark DM & Ehlers A (2022) Ten misconceptions about trauma-focused CBT for PTSD. *Cognitive Behaviour Therapy, 15*, s1754470x22000307

Oprel DAC, Hoeboer CM, Schoorl M, de Kleine RA, Cloitre M, Wigard IG, van Minnen A & van der Does W (2021) Effect of Prolonged Exposure, intensified Prolonged Exposure and STAIR+Prolonged Exposure in patients with PTSD related to childhood abuse: A randomized controlled trial. *European Journal of Psychotraumatology, 12(1)*, 1851511. doi.org/10.1080/20008198.2020.1851511

Ozcuremec S. (2022) Sexuelle und geschlechtsspezifische Gewalt und soziales Trauma. In A Hamburger, C Hancheva & V Volkan. *Soziales Trauma. Ein interdisziplinäres Lehrbuch* (S. 297–303). Berlin. Springer Verlag

Resick PA, Bovin MJ, Calloway AL, Dick AM, King MW, Mitchell KS, Suvak MK, Wells SY, Stirman SW & Wolf EJ (2012) A critical evaluation of the complex PTSD literature: implications for DSM-5. *Journal of Traumatic Stress, 25(3)*, 241–251

Sack M, Sachsse U, Overkamp B & Dulz B (2013) Traumafolgestörungen bei Patienten mit Borderline-Persönlichkeitsstörung: Ergebnisse einer Multicenterstudie [Trauma-related disorders in patients with borderline personality disorders. Results of a multicenter study]. *Der Nervenarzt, 84(5)*, 608–614

Schäfer I, Gast U, Hofmann A, Knaevelsrud C, Lampe A, Liebermann P, Lotzin A, Maercker A, Rosner R & Wöller W (2019) *S3-Leitlinie Posttraumatische Belastungsstörung*. Berlin: Springer Verlag

Schauer M, Elbert T & Neuner F (2011) *Narrative exposure therapy: A short-term treatment for traumatic stress disorders* (2. Auflage). Cambridge: Hogrefe

Übereinkommen des Europarats zur Verhütung und Bekämpfung von Gewalt gegen Frauen und häuslicher Gewalt, 11. Mai 2011, CETS No. 210, ratifiziert von 38 Staaten (Status: 02.07.2023), Inkrafttreten: 1. August 2014

Van Vliet N, Huntjens R, Van Dijk M, Bachrach N, Meewisse M & De Jongh A (2021) Phase-based treatment versus immediate trauma-focused treatment for post-traumatic stress disorder due to childhood abuse: Randomised clinical trial. *BJPsych Open, 7(6)*, E211

Van Woudenberg C, Voorendonk EM, Bongaerts H, Zoet HA, Verhagen M, Lee CW, van Minnen A & De Jongh A (2018) Effectiveness of an intensive treatment programme combining prolonged exposure and eye movement desensitization and reprocessing for severe post-traumatic stress disorder. *European Journal of Psychotraumatology, 9(1)*, 1487225

Werner KB, McCutcheon VV, Challa M, Agrawal A, Lynskey MT, Conroy E, Statham DJ, Madden PA, Henders AK, Todorov AA, Heath AC, Degenhardt L, Martin NG, Bucholz KK & Nelson EC (2016) The association between childhood maltreatment, psychopathology, and adult sexual victimization in men and women: results from three independent samples. *Psychological Medicine, 46(3)*, 563–573

White SJ, Sin J, Sweeney A, Salisbury T, Wahlich C, Montesinos Guevara CM, Gillard S, Brett E, Allwright L, Iqbal N, Khan A, Perot C, Marks J & Mantovan, N (2023) Global prevalence and mental health outcomes of intimate partner violence among women: A systematic review and meta-analysis. *Trauma, Violence & Abuse*, 15248380231155529

Witt A, Brown RC, Plener PL, Brähler E & Fegert JM (2017) Child maltreatment in Germany: Prevalence rates in the general population. *Child and Adolescent Psychiatry and Mental Health*, *11*, 47. doi.org/10.1186/s13034-017-0185-0